Table.

Plaintes. — Pages:

5. Plainte par Vallet et Frere c. Bruny fils aîné et Chanel.
6. Plainte par Pre Lamouroux et Cie c. Ayon, Brunet et Fouville, Bruny fils aîné et Chanel.
9. Supplément de plainte par Vallet et Frere c. Brunet et Fouville.
10. Ordonnance de la Chambre du Conseil qui renvoie Ayon, Bruny et Chanel, Brunet et Fouville, Louis Faure devant la Chambre de police correctionnelle.

Ayon de Villefranche.

12. Déclaration Sucher fils.
14. Requête par Vallet et Frere pour être autorisé à perquisier chez Ayon, et ordonnance de perquisition.
15. Procès-verbal de perquisition chez Ayon.
20. Commission rogatoire pour perquisier chez Ayon.
21. id. id. pour interroger Ayon.
21. Interrogatoire Ayon.
24. Procès-verbal de saisie chez Richarme frères et Teillard, Verrier à Rive-de-Gier.
25. Déclaration de Philippe Liochon.
26. id. Dame Dulac sur le sirop Lamouroux.
28. id. " sur les Pilules Vallet.
29. id. Dlle Bailly sur le sirop Lamouroux.
29. id. Bailly fils sur le sirop Lamouroux.
30. id. " sur les Pilules Vallet.
31. Déclaration Sucher père.
31. id. Calendras.
32. id. Bérujas.
32. id. Debron.
32. Déposition Molloy.
34. Note des Bouteilles expédiées par Ayon par Molloy.

1849

Pages.

35. Commission rogatoire à Villefranche.
39. Déposition Juchen père.
41. Note des Caisses fournies par Juchen père à Ayon.
42. Déposition de Debroud.
43.   id.   de Moronoz.
45. Notes des Caisses transportées par Courran père et fils.
46. Déposition de Bailly fils.
47. Interrogatoire d'Ayon.

Brunet et Fonville, à Lyon.

53. Requête par Vallet... frère pour être autorisé à perquiser chez Brunet et Fonville et ordonnance de perquisition.
54. Perquisition Engleu.
57. Ordonnance pour perquiser.
58. Perquisition Rioux.
59. Requête par Dr Lamouroux et Compie pour être autorisé à perquiser chez Brunet et Fonville.
60. Ordonnance de perquisition.
60. Perquisition Doy.
64. Interrogatoire Brunet.
66.   id.   Brunet
69. Facture Brunet et Fonville à Ayon
70. Lettres d'Ayon à Brunet et Fonville.
71. Relevé des Comptes de Brunet et Fonville avec Ayon, de 1843 à 1848.
73. Relevé du Compte de Brunet et Fonville avec Bruny et Chanel (1848).

Bruny fils aîné et Chanel, à Lyon.

73. Requête et Ordonnance pour perquiser.
73. Perquisition Engleu, saisie de la Caisse de 125 flacons.
75.   id.   id.   chez Bruny et Chanel.
77. Saisie Bary à Avignon, sirop Lamouroux.
78.   id. Conté à Avignon   id.
79. Lettre du Commissaire de police d'Avignon sur la saisie Conté.

Pages.	
80.	Facture Bruny et Chanel à Conte. (Sirop Lamouroux)
81.	Saisie Lioran, à Rive de Gier, sirop Lamouroux.
83.	id. Vanen, à Valence idem.
84.	id. id. id. Pilules Vallet
86.	Facture Bruny et Chanel à Vanen (Pilules Vallet)
86.	Déposition Vanen
87.	Saisie Laborie à Aix.
88.	Commission rogatoire pour interroger Laborie.
90.	Déposition Laborie.
91.	Facture Bruny et Chanel à Laborie. (Pilules Vallet)
94.	Saisie Mezieriez sucr de Hugues, à Toulon.
95.	Facture Bruny et Chanel à Hugues à Toulon Pâte Regnaud
96.	Saisie Chambeyron à Toulon
98.	Saisie Déroun, à Aix.
99.	Interrogatoire Bruny
102.	Relevé des livres de Bruny et Chanel, Compte d'Ayon.

Louis-Faure, à Lyon.

104.	Relevé de son inventaire après faillite
104.	Saisie Abban à Lyon.
106.	Facture Francisque Faure à Abban.
106.	Lettre Francisque Faure.
107.	Déposition Dulac.
109.	Déposition Rocher.
110.	Saisie Bordo à Perpignan
114.	Facture Révol et Faure à Bordo.
115.	Saisie Aumeran, à Aix.
116.	Saisie Laborie à Aix.
117.	Saisie Rounieu à Marseille.
120.	Saisie Icard à Marseille.
121.	Saisie Gall à Marseille.
122.	Saisie Lurie à Avignon.
123.	Saisie Conte à Avignon.

Pages.	
124.	Saisie Carré à Avignon.
124.	Saisie Saldou à Avignon.
126.	Lettre de Coute d'Avignon.
127	Saisie Marcau à Alger.
128.	Saisie Aduffau à Toulon.
130.	Saisie Lefebvre à Toulon.
132.	Perquisition chez Louis-Faure.
133.	Interrogatoire Louis Faure f.

Pièces annexes.

135.	Note sur le compte de Bruny en Chanel avec Ayon.
136.	Tableau des saisies tombant sur Louis-Faure.
id.	" " sur Bruny fils et Chanel.
id.	" " sur Ayon.

Lettres diverses.

137.	Batillias de Villefranche.
137.	Ayon de Villefranche.
138.	Honnoraty de Toulon.
id.	Honnoraty de Toulon.
id.	Alpan de Carpentras.
139.	Deriard de Lyon
id.	Bietrix-Sionneau, de Lyon
140.	André de Lyon.
id.	Larder de Lyon.
141.	Vernet de Lyon.
141.	Jugement du Tribunal Correctionnel de Lyon.

Lith. Gendre, Breveté,
Paris, Rue de Seine, 37, à l'Athénée des Beaux-Arts.

Plainte.
1848 — 2 Décembre.
Plainte
Par Vallet et Frère,
Contre Bruny fils aîné et
Chanel.

A Monsieur le Procureur de la République
près le Tribunal Civil de Lyon.

M. Alfred Gabriel Vallet, docteur en médecine, ancien pharmacien, domicilié à Paris, rue Caumartin 39 et Mr. Louis René Frère, ancien pharmacien, demeurant à Paris, rue Jacob, 19. lesquels agissent conjointement, poursuites et diligences de M. Henri Torchon, avocat, demeurant à Paris, rue Jacob 19, maintenant à Lyon, hôtel de l'Europe, leur fondé de pouvoir, aux termes d'un acte reçu Me Demunche, notaire à Paris, en son collègue, en date du 12 Mars 1841, enregistré.

Ont l'honneur de vous exposer:

Que M. Vallet est l'inventeur et M. Frère dépositaire d'un produit pharmaceutique dénommé Pilules ferrugineuses de Vallet, aujourd'hui dans le domaine public sous le nom de pilules ferrugineuses de Vallet;

Qu'en conformité de la loi et pour s'attribuer la propriété exclusive des marques et étiquettes, prospectus, cachets qu'ils appliquent sur le dit produit sortant de leur fabrication, ils ont déposé au greffe du Tribunal de Commerce de la Seine, ainsi qu'ils en justifient, un échantillon des dites marques commerciales;

Qu'instruits de la contrefaçon qui s'opérait à Lyon sur leurs marques commerciales, ils ont fait saisir une caisse renfermant cent vingt-cinq flacons de pilules de Vallet, revêtues de leurs marques commerciales contrefaites;

Qu'ils ont reconnu que cette caisse était destinée aux sieurs Bruny fils aîné et Chanel, droguistes à Lyon, rue Lanterne;

Que cette caisse avait déjà fait le trajet plusieurs

foi, entre M.M. Brunet Chanel et un S.r Ayot, pharmacien à Villefranche;

— Que de plus, il est certain pour les exposants que les S.rs Bruny et Chanel ont vendu, à diverses reprises, des pilules de Vallet à un prix inférieur à celui qu'ils paient à M.M. Vallet et Frere lorsqu'ils leur demandent leur produit;

Que l'examen de leurs livres de commerce amènera la preuve de ce trafic illicite;

En conséquence, les exposants ont l'honneur de déposer en vos mains, Monsieur le Procureur de la République, contre les dits Sieurs Bruny fils ainé et Chanel, plainte en contrefaçon de leurs marques commerciales, et déclarent au besoin, se porter partie civile sur la dite plainte.

Lyon, le 2 Décembre 1848. Signé: Henri Torchon.

1848. — 26 Décembre
Plainte par P.re Lamouroux et C.ie Contre.
Camille Ayot
Brunet et Fonville
Bruny fils ainé et Chanel

Les S.rs Lamouroux et C.ie ont l'honneur de vous exposer ce qui suit:

P. Lamouroux et C.ie sont inventeurs d'un sirop connu sous le nom de sirop pectoral de Lamouroux qui se vend dans des flacons de forme spéciale portant des étiquettes et cachets où figurent les noms et signature de Lamouroux, accompagnés de prospectus spéciaux;

Depuis longtemps ils s'étaient apperçus qu'ils souffraient d'une concurrence déloyale, d'une contrefaçon exercée à Lyon ou ses environs. — Ils en ont acquis la preuve!

Les coupables sont M.M. Ayot, pharmacien à Villefranche. Brunet et Fonville, imprimeurs lithographes demeurant à Lyon, rue S.te Catherine et Bruny et Chanel

et requièrent qu'il leur plaise, 1° ordonner une instruction, 2°
poursuivre la répression du délit signalé, et l'application
des peines portées par la loi.

Les exposants se portent partie civile. — Lyon, le
26 Xbre 1848. — Signé : P. Lamouroux & Cie.

1849. — 22 Janvier.
Supplément de plainte,
par Valler & Frère,
Contre Brunet-Fonville.

A Monsieur le Procureur de la République,

Le soussigné Henri Corchon, avocat, demeurant
à Paris, rue Jacob, 19, présentement à Lyon, hôtel de
l'Europe, au nom et comme fondé de pouvoir de MM.
Valler et Frère, pharmaciens à Paris, suivant procuration
devant Me Demanche, le 3 Octobre 1848, enregistrée,
au nom de M. Émile Labarthe, lequel m'a substitué ses
pouvoirs, le dix-huit novembre suivant, ayant Me Albertin,
pour avoué.

A l'honneur de vous exposer :

Qu'il a déjà déposé une plainte contre MM. Brunet
et Fonville, imprimeurs à Lyon et contre M. Ayon,
pharmacien à Villefranche, pour délit de contrefaçon.

Qu'indépendamment du délit de contrefaçon de
nom et de marque commerciale, prévu par la loi du 28
Juillet 1824, MM. Brunet et Fonville ont commis un autre
délit, en apposant sur les imprimés par eux contrefaits,
le nom de l'imprimeur de MM. Valler et Frère (Me
Schneider imprimeur à Paris) au lieu du leur.

Que ce fait constitue un second délit prévu par les articles
17 du décret du 11 février 1811 et 283 du Code pénal.

Que ce faux occasionne à MM. Valler et Frère, un
préjudice d'autant plus grand, qu'il rend la découverte de la
contrefaçon d'autant plus difficile.

Que de plus il aurait pour effet de compromettre Mons.

Schneider, imprimeur, par l'apposition de sa signature sur un objet contrefait, si MM. Bruner et Fonville n'étaient pas reconnus les auteurs de ce faux.

Pourquoi, je porte plainte contre MM. Bruner et Fonville, imprimeurs à Lyon, et me porte partie civile contre eux, entendant les poursuivre par toutes les voies de droit.
Lyon, le 22 Janvier 1849. Henri Torchon (Signé).

Nota : Il manque la plainte Vallet et Frère contre Ayon, Bruner et Fonville, qui a été faite dans le courant du mois de Novembre 1848, qui se trouve au dossier du greffe correctionnel.

———

Ordonnance de la Chambre du Conseil du Tribunal Civil de Lyon du 11 Avril 1849, qui renvoie devant la Chambre de Police Correctionnelle.

  Ayon
  Bruny fils aîné.
  Chanel
  Bruner
  Fonville
  Louis Faure.

Nous Juges composant la Chambre des vacations du Tribunal civil de l'arrondissement de Lyon réunis en la chambre du conseil, conformément à l'article 127 du Code d'instruction criminelle.

Vu la procédure instruite 1° Sur la plainte des sieurs Alfred-Gabriel Vallet, docteur médecin, ancien pharmacien à Paris, rue Caumartin 39, et Louis-René Frère, ancien pharmacien et dépositaire général des pilules ferrugineuses dites de Vallet, domicilié à Paris, rue Jacob, 19 & de la pâte pectorale balsamique de Regnault aîné,

2° Sur la plainte des Sieurs Lamouroux et Cie phar[maciens] demeurant à Paris, rue du marché aux poirées N° 11.

Contre Camille Ayon, pharmacien à Villefranche,

Bruny fils aîné et Chanel, droguistes à Lyon, rue Lanterne, 15,

Louis Faure, fabricant d'instruments de chirurgie à Lyon, rue de Pazzi, 9

Et Brunet et Fonville, imprimeurs lithographes à Lyon

y-demeurant, grande rue Sainte Catherine, 11.

Vu les conclusions de M. Février, substitut de M. le Procureur de la République, tendantes à ce que les sus-nommés soient renvoyés devant le Tribunal Correctionnel;

Ouï le rapport de M. Fayard, juge suppléant au Tribunal civil de Lyon, délégué par délibération de ce Tribunal, en date du 31 Mars pour remplir les fonctions de juge d'instruction près ce Tribunal;

Attendu qu'il en résulte prévention suffisante contre Camille Ayor, d'avoir contrefait, 1° les pilules ferrugineuses dites de Valles, inventées par ce Dernier;

2° Le sirop pectoral de P. Lamouroux, inventé par ce Dernier.

En les avoir débités et vendus avec les marques, étiquettes, cachets, prospectus que les Sieurs Valles & Lamouroux appliquent sur les produits industriels sortant de leur fabrication, dont, en conformité de la loi, ils ont déposé au greffe du Tribunal de Commerce de la Seine, un échantillon pour s'en attribuer la propriété exclusive;

Et contre les Sr Bruny fils aîné et Chanel, Louis Faure, Brunet et Fonville, d'avoir sciemment participé à cette fraude pratiquée par Camille Ayor, savoir: Bruny fils aîné et Chanel; et Faure, en achetant et revendant, avec profusion, ces produits industriels avec les marques commerciales de Valles et de Lamouroux, contrefaites.

Brunet et Fonville, en imprimant et livrant au contrefacteur, les marques commerciales dont il s'agit, servant à la vente des produits contrefaits;

Attendu qu'il en résulte également prévention seule-ment contre Louis Faure, d'avoir sciemment vendu des boîtes

pâte pectorale balsamique de Regnault aîné, dont le Sr.
Frère est propriétaire, avec les marques commerciales du sieur
Regnault, telles que, étiquettes, cachets et prospectus dont
se sert le Sieur Frère pour la vente de ce produit industriel.

Attendu que ces faits constituent une infraction à l'art.
1er de la loi du 28 Juillet 1824, laquelle infraction est punie
des peines portées en l'art. 423 du code pénal).

Ordonnons que tous les susnommés sont renvoyés
au Tribunal de Police correctionnelle pour y être jugés
conformément à la loi.

Fait à Lyon, en la chambre du Conseil, le 11 —
Avril 1849. Signé : Cainyer. Fayard. Berthaud.

═══════════

Le 12 Octobre 1848. — A la requête de Mrs Labarthe,
avocat à Paris et Albertin, avoué à Lyon, et après nous
avoir exhibé la procuration spéciale de la Maison
Vallet & Frère à Paris, nous avons entendu la Déclaration
suivante :

Le citoyen Sucher fils, âgé d'environ 18 ans, —
ex élève en pharmacie, demeurant en cette ville, rue de la
liberté, 88, nous a Dit :

Il y a environ 2 mois et demi, je me rendis à Lyon,
pour y arrêter une caisse de pilules Vallet, que je pris
entre les mains du voiturier Debroad, demeurant à Ellefche
et je la fis transportée chez un de mes parents nommé
Riche, demeurant à la Guillotière ; mon père pourra dire
où elle se trouve maintenant.

Le père Sucher présenté devant nous et interrogé à
ce sujet après bien de l'hésitation, a Dit : cette caisse se —
trouve actuellement chez un nommé Georgel, ex boulanger
rue de Jussieu N°22, au 3ème étage, à Lyon.

Le fils Sucher continuant a déclaré que pendant l'année 1843, des pilules de Valler avaient été confection- nées chez le Sr Ayor, pharmacien à Villefranche, qu'il avait contribué à cette confection;

Il ajoute, si j'ai pris cette caisse, c'est à cause que Mr Ayor n'a point voulu me faire un certificat, afin de m'empêcher de me placer ailleurs, et voici pourquoi.

Le 15 février dernier, Mr Ayor fouilla à ma cham- bre et il trouva la somme de 14 f 50 c placée entre un placard et le plafond, et ayant envoyé chercher mon père, il m'interpella pour me demander d'où j'avais sorti cet argent, mon père et moi fûmes surpris d'une manière extrême. — Mr Ayor prit du papier, de l'encre et une plume, et armé d'un pistolet qu'il tenait à la main, il me dit; tu vas me faire une déclaration comme quoi tu m'as volé cet argent, et en présence des arguments dont le Sr Ayor se servait en présence de mon père, je fis ce que le Sr Ayor me demanda, et l'écrit fait, le Sr Ayor se mit à dire: maintenant je vous tiens tous les deux, je ne crains plus rien! Cette exclamation me prouva la crainte qu'avait le Sr Ayor que je ne dénonçasse des contrefaçons qu'il opérait tous les jours au préjudice de plusieurs inventeurs.

En continuant, il ajoute; j'ai déballé moi-même 1000 flacons en verre bleu, de forme cylindrique, exactement comme ceux envoyés par les sieurs Valler et Louis Frère, provenant de la fabrique du Sr Mollon fabricant de verre, rue confort, à Lyon, et les étiquettes et prospectus des dites pilules provenant de chez MM Brunes et Touville, rue Ste Catherine, je crois, N° 14 à Lyon. dont mille étiquettes pour les flacons et mille pour les enveloppée.

Continuant encore, il ajoute: le S.r Ayot est possesseur de deux faux cachets de Valleix Louis Frère, pour apposer à chacun des boutes des flacons qui doivent être cachetés avec de la cire rouge et les flacons contenus dans la caisse que j'ai arrêtée sont conformes à ceux que je viens de désigner.

Lecture faite, le fils Suchet a signé avec nous, le 12 Octobre 1848. — Signé Suchet, p.re, Passal.

A Monsieur le Président du tribunal Civil de 1ère instance, séant à Villefranche (Rhône)

Mr Valleix, docteur-médecin, ancien pharmacien, demeurant à Paris, rue Caumartin, inventeur des pilules ferrugineuses, dites de Valleix, et à lui joint M. L. Frère, ancien pharmacien, domicilié à Paris, rue Jacob, dépositaire général des dites pilules, agissant conjointement, poursuites et diligences de M. Labarthe, avocat, domicilié à Paris, momentanément à Villefranche, hôtel du faucon, lesquels constituent pour leur avoué, Mr Bonnefous, demeurant à Villefranche,

Ont l'honneur de vous exposer:

Que M. Camille Ayot, pharmacien, demeurant à Villefranche, se livre à la contrefaçon la plus complète de leur produit, dites Pilules ferrugineuses de Valleix, des flacons le renfermant, du cachet y apposé et des étiquettes à raison duquel produit ils ont obtenu un brevet d'invention;

C'est pourquoi ils viennent à vous, Monsieur le Président, en requièrent qu'il vous plaise

Vu les présentes en l'article 47 de la loi du 5 Juillet 1844:

1848. — 12 et 13 8bre
Requête par Valleix Frère pour être autorisés à perquisier chez Ayot, et Ordonnance de perquisition.

Leur permettre de faire procéder par un huissier commis, à la désignation ou description détaillée, et à la saisie des objets contrefaits qui seront trouvés au domicile du dit M. Ayot, le tout aux périls et risques des exposants, vous rendrez justice. — Signé : Bonnefous

Vu la requête ci-dessus, nous Juge suppléant premier en ordre, MM les Président et Juges empêchés, autorisons la saisie dont il s'agit, aux périls et risques de l'impétrant. Disons qu'il y sera procédé par le ministère de l'huissier Murard, commis à cet effet, même avant l'enregistrement de la présente ordonnance, attendu l'urgence et l'heure avancée. —— Villefranche, le 12 Octobre 1848. Signé : Ségaux

Procès verbal de Perquisition, en vertu de l'Ordonnance ci-dessus.

Ce jourd'hui, Douze Octobre 1848, à la requête de M. Vallez, docteur en médecine, ancien pharmacien, demeurant à Paris, rue Caumartin, inventeur de pilules ferrugineuses, dites de Vallez et à lui joint, M. L. Frère, ancien pharmacien, domicilié à Paris, rue Jacob, dépositaire général des dites pilules, agissant conjointement, poursuite et diligence de M. Labarthe, avocat, domicilié à Paris, momentanément à Villefranche, hôtel du Faucon, lesquels élisent domicile dans l'étude de Me Bonnefous, avoué, demeurant à Villefranche, et qu'ils constituent, au besoin, pour leur avoué ;

Je, Claude-Marie Murard, huissier audiencier près le Tribunal de Commerce et reçu au Tribunal Civil, séant à Villefranche (Rhône) y demeurant, soussigné !

Commis à l'effet du présenté, par l'ordonnance dont il va être parlé, certifie m'être exprès rendu dans le

domicile de Camille Ayor, pharmacien, demeurant
à Villefranche, grande rue, à l'effet de procéder, en
vertu d'une ordonnance de M. Dégaux, juge suppléant
près le Tribunal civil, séant à Villefranche, M. le
Président et M. M. les Juges étant empêchés, intervenue
à la date de ce jour, au bas d'une requête présentée à ce
magistrat par les requérants et signée de M. Bonnefons,
leur avoué ; laquelle d'ailleurs est transcrite en tête des
présentes, et sera enregistrée en même temps que le
présent procès verbal :

À la désignation ou description détaillée et à
la saisie des objets contrefaits ou falsifiés, notamment
des pilules et des fioles qui les contiennent dites de
Vallet, désignées dans la requête sus rappelée et les
saisir mettre et réduire sous la main de la loi et de
la justice, pour, ensuite de cette saisie, être donné telle
suite qu'il appartiendra.

Où étant, assisté des Sr Givre et Maynard, agents
de police, ci-après dénommés et qualifiés, et parlant
à lui même, je lui ai fait part de l'objet de mon
transport et de mes démarches, et lui ai fait sommation
de me faire ouverture de toutes les pièces et appartements
qui composent son domicile, ainsi que tous les meubles,
tiroirs et placards, caisses, balles, paquets, flacons
&c. au fur et à mesure que mes recherches le nécessiteraient ;
ce à quoi il a aussitôt obtempéré, en me faisant toutefois
les réponses, protestations et réserves suivantes qu'il m'a
requis de transcrire.

« Je suis étrangement surpris d'une perquisition de cette nature ; je considère cet acte comme illé-
gal, arbitraire, attentatoire à la propriété et à

18

que nous avons saisi ainsi que des appartements
parcourus, où étant en parlant au Sr M. Ayot,
nous avons pu continuer, ainsi :

Nous certifions avoir saisi dans la pharmacie
de M. Ayot, un flacon de pilules ferrugineuses,
dites de Valles, qu'il nous a lui-même remis et dont
la description suit :

« Un flacon en verre bleu, enveloppé d'un
« papier bleu terne, sur lequel est collée l'étiquette dont
« la teneur est ainsi conçue : Pilules de carbonate
« ferreux, inaltérable de Valles, approuvée par l'Acadé-
« mie Royale de Médecine. D'après le rapport fait
« à l'Académie, cette préparation est la seule dans
« laquelle le carbonate ferreux soit inaltérable. — Aussi
« les médecins lui donnent-ils la préférence dans
« tous les cas où les ferrugineux doivent être employés.
« Ces pilules ne se vendent qu'en flacon, portant
« la signature ci-contre et le cachet Valles inventeur,
« L. Frère, dépositaire général, signé : Valles, dépôt, rue
« Caumartin, 45, à Paris, et dans toutes les villes de
« France et de l'Étranger, 3 fr. le flacon. » Au bas est
écrit : « La Cour de Cassation, par Arrêt du 6 Août
« 1842, a consacré la légalité de la vente des pilules
« de Valles. »

Aux deux extrémités du dit flacon sont les
cachets en cire rouge, portant les mots : Valles inventeur.
L. Frère, dépositaire général, la longueur de ce flacon est
de dix centimètres.

Delà, nous sommes entrés, 1° Dans une arrière
pharmacie, attenant à la précédente, nous n'avons rien
découvert.

2° Dans une pièce à la suite, servant de

salle-à-manger ;

3°. Dans la cuisine à la suite et dans un cellier attenant ;

4° Au premier étage et à droite de l'escalier, dans une chambre à coucher et dans le couloir conduisant à une seconde chambre, ainsi que dans un cabinet noir, donnant sur le dit couloir ;

5° A gauche de l'escalier, et dans un salon donnant sur la rue Nationale, ainsi que dans un petit cabinet à côté ;

6° Dans les latrines donnant sur l'escalier où se trouvent des rayonnages ;

7° Dans la chambre de la domestique qui est au second étage à droite de l'escalier, et dans un magasin à la suite où sont les fournitures de la pharmacie ;

8° Dans la chambre de l'élève, qui se trouve à gauche ;

9° Dans un cabinet en face, qui se trouve rempli de verroteries.

Toutes nos recherches faites dans les pièces qui précèdent, ainsi que dans les placards et autres meubles, ont été infructueuses.

De tout ce qui précède, j'ai rédigé le présent procès verbal, pour servir et valoir ce que de droit.

Coût vingt-quatre francs ; outre déboursés et rôles.

Signés : Givre. Menand, Murard. Enregistré à Villefranche.

1848. — 17 Octobre.
Commission rogatoire
pour Perquisition chez Ayot.

Nous, Henri Caillau, Juge Suppléant au Tribunal civil de Lyon, Juge d'instruction délégué,

Vu la procédure en instruction, contre les nommés Brunet et Jonville, imprimeurs lithographes à Lyon, inculpés de faux;

Attendu qu'il en résulte charges suffisantes contre le Sr Ayot, pharmacien à Villefranche, d'avoir fait confectionner aux dits Bruner et Fonville, les étiquettes et prospectus, contrefaçons de ceux de Vallet de Paris, pour les pilules ferrugineuses, dont on a saisi les planches lithographiques chez Bruner & Fonville;

Vu le réquisitoire de M. le Procureur de la République, en date de ce jour;

Vu l'article 9 du Code d'instruction criminelle;

Commettons rogatoirement Mr le Juge d'instruction au Tribunal civil de Villefranche (Rhône), aux fins;

De faire perquiser au domicile du dit Sr Ayot, pharmacien à Villefranche, saisir tous flacons portant la signature des Dépositaires généraux des pilules ferrugineuses de Vallet, de Paris;

De examiner, sur les livres du Sr Ayot, les adresses de ceux auxquels auraient été envoyés des flacons ou des boites de pilules ferrugineuses portant l'étiquette sus mentionnée, et en quelle quantité ils ont été expédiés;

De rechercher, même dans le jardin d'Ayot, d'après les indications qui pourront être fournies, si des caisses contenant des flacons ou des boites des dites pilules, n'y ont pas été enfouies;

Et de nous adresser le procès verbal de perquisition avec la présente Commission rogatoire et toutes les pièces formalisées pour son exécution, conformément à la loi.

Fait à Lyon, le 17 Octobre 1848, signé: Caillau, Juge d'Instruction délégué.

Le 19 Octobre 1848. Procès-verbal dressé à Villefranche;

par le Commissaire de police Vassal, sur la Déléga-
tion du Juge d'instruction du Tribunal de cette ville

Constatant des recherches infructueuses dans
le domicile de Camille Ayot, pharmacien à
Villefranche.

Nous, Fleuri Delas, Juge d'instruction
au Tribunal de 1re instance de Lyon (Rhône)

Vu la procédure en instruction contre le nommé
Ayot, pharmacien à Villefranche, inculpé de contrefaçon des pilules ferrugineuses de Vallet ;

Commettons rogatoirement M^r le Juge d'instruction au Tribunal de Villefranche à l'effet d'interroger
sous mandat de comparution, le dit Sr Ayot sur les
faits mentionnés de la plainte des Srs Vallet & Frère
et sur ceux résultant du procès verbal dressé par le
Commissaire de police Mr Riom, le 13 Octobre dernier
lesquelles deux pièces seront jointes aux présentes pour
être renvoyées avec elles, sauf à être ensuite procédé ainsi
qu'il appartiendra.

Fait à Lyon, le 13 Novembre 1848, Signé Fleuri Delas

Demande. Avez vous été dépositaire des pilules
ferrugineuses de Vallet ?

Réponse. Oui.

D. De qui teniez vous ce dépôt ?

R. De Mr Frère, pharmacien à Paris.

D. Pendant la durée de ce dépôt, avez vous composé
vous-même de ces pilules ?

R. J'ai pu en faire, comme tous mes confrères, de
la formule publiée et décrite dans les formulaires

D. Ne les composiez vous pas sur l'ordonnance

des médecins qui les proscrivaient, ou bien en faisiez-vous d'avance et les enfermiez-vous dans des flacons ?

R. Je ne les ai jamais composées que d'après l'ordonnance des médecins et comme la préparation en était longue, j'ai dû les faire d'avance et les enfermer dans un bocal, comme je le fais à l'égard de toutes les autres pilules.

D. N'aviez-vous pas été en rapports d'affaires avec les Sr. Brunet et Donville, imprimeurs lithographes, à Lyon, rue Ste Catherine ?

R. Oui.

D. Quel était l'objet de ces rapports ?

R. Des étiquettes et des factures que je lui faisais imprimer.

D. Au nombre de ces étiquettes, ne leur avez-vous pas fait imprimer celles indiquant les pilules ferrugineuses de Valles, avec le cachet et la signature de ce dernier ?

R. Non.

D. Cependant, il paraîtrait résulter de la vérification qui a été faite de leurs livres, qu'ils vous auraient expédié des prospectus, étiquettes et cachets avec signature de Valles, et indiquant les pilules ferrugineuses de la composition de ce dernier ?

R. Je n'ai jamais rien reçu de semblable.

D. Vous ne vous êtes donc jamais servi, par contrefaçon, des étiquettes portant la signature de Valles ?

R. Non.

Plus n'a été interrogé. — Lecture faite au prévenu de ses réponses, il déclare y persister et a signé avec nous et notre greffier.

Signé : Camille Ayot, Guillot, Bernard.

1848. — 14 Xbre.
Procès-Verbal de saisie
Chez Richarme frères
de Rive-de-Gier en chez
Eillard de Rive-de-Gier.

Je soussigné, Jean Raymond, Commissaire de police de la ville de Rive-de-Gier (Loire), déclare que M Hanour, pharmacien, demeurant à Paris, — associé et représentant de la maison Lamouroux & Cie pharmaciens à Paris, s'est présenté devant nous et nous a prié de l'accompagner, 1° Chez Mr Richarme, verrier, demeurant à Rive-de-Gier, grande rue Tachez, 2° Chez M Eillard, également verrier, demeurant aussi à Rive-de-Gier, afin de prendre les renseignements nécessaires pour arriver à découvrir la contrefaçon du sirop de Lamouroux.

Obtempérant à cette demande, moi Commissaire de Police, me suis transporté, accompagné du dit sieur Hanour, chez MM les verriers ci-dessus désignés, où étant, 1° Chez M. Richarme, celui-ci a déclaré qu'il faisait souvent des bouteilles 1/4 anglais à cachet pour différents verriers de Lyon; entr'autres demandes, il en a montré deux, l'une de 1341 1/4 de bouteilles, du 29 Mai 1848, et l'autre de 607 1/4 de Xbre 1847; les deux demandes avaient été adressées à son entrepôt de Marseille par M Clément, et fabriquées d'après les modèles que M Richarme a reconnu avoir confié la veille de ce jour à M Hanour et qu'il a laissé maintenant entre nos mains: les deux modèles portent, chacun, un cachet: l'un au nom de Lamourou[x], l'autre au nom de Briant; sur la bouteille cachet Lamouroux est collé un papier sur lequel est écrit N°3. modèle, 400 pareilles; sur la bouteille au cachet Briant, est une petite étiquette: M Clément 200, Hfc le %. — Il nous a été également déclaré, que dans ces livraisons destinées à M Clément, les bouteilles Lamourou[x] ne figurent qu'au nombre de 400.

M. Richarme nous a également déclaré qu'il avait accepté de fabriquer ces bouteilles, sur la simple présentation de cachets qui lui avaient été remis par M. Clément, et qu'il en ferait de même pour tout autre sans s'informer s'ils étaient propriétaires du cachet présenté.

2° Chez M. Teillard: celui-ci a déclaré qu'il fabriquait également des bouteilles /H Anglais à cachets, sans s'informer si les porteurs des cachets présentés en étaient propriétaires; à l'appui de son assertion, il nous a à donné un quart, cachet Briaut, en nous assurant qu'il lui avait servi précédemment comme modèle de fabrication, ajoutant que depuis sept à huit ans environ, il n'avait reçu aucune demande pour des bouteilles de même modèle.

Afin de donner en temps et lieu, tous les renseignements nécessaires, nous avons gardé les trois bouteilles ci-dessus désignées pour être représentées au besoin.

La présente déclaration qui a été signée seulement par M. Dunous et par nous, Commissaire de Police, immédiatement après ladite déclaration le 14 Xbre 1848.

1848. —— 15 Xbre.
Déclaration de Phpe Liochon.

L'an 1848, et le 15 décembre, devant nous, Commissaire de Police de l'arrondissement du Palais des Arts, à Lyon,

Sur notre invitation, a comparu le Sr Liochon, Philippe, âgé de 15 ans, natif de St Trivier de Cours (Ain). Élève pharmacien, demeurant chez M. Fayard, pharmacien, place des Terreaux N° 25. lequel nous a dit et déclaré ce qui suit:

Dans le courant du mois de septembre 1840, j'entrai

chez M. Ayot, pharmacien à Villefranche (Rhône) en qualité d'élève, et y demeurai jusqu'en fin 1844. Pendant cette dernière année, nous y avons fait du sirop de Lamouroux. Les bouteilles qui servaient pour la fabrication provenaient d'un marchand qui les déposait, en passant; ensuite elles ont été demandées à M. Mallon, marchand de verrerie, rue Montfort n° 14, qui les faisait fabriquer sur un cachet fourni par M. Ayot. — Les susdites bouteilles étaient transportées par le nommé Debroue, voiturier à Villefranche, les bouteilles préparées et prêtes à être vendues étaient expédiées à MM. Revol et Faure, droguistes à l'époque, quai d'Orléans 3), qui les recevait par le même messager.

J'ajoute que le sirop de Lamouroux se préparait avec une infusion de coquelicots, sucre vergeoise, et sucre blanc et une légère solution d'extrait d'opium. — L'on employait ce sirop indistinctement, soit pour remplir les bouteilles de Lamouroux, soit pour celles de Briant, à l'exception que, pour ces dernières, on ajoutait quelques gouttes d'essence de fenouille;

Plus n'a déposé, le Sr Liochon, et a signé avec nous sa déclaration dans laquelle il a déclaré persister. Signé: Liochon. — Rionde.

Aujourd'hui, 16 Décembre 1848, devant nous, Commissaire de Police de Villefranche (Rhône), s'est présenté M. Hunout, pharmacien à Paris, associé et représentant de la maison Lamouroux & Cie de Paris, lequel nous a requis de procéder à l'interrogatoire de la Dlle Claudine-Marie Dulac, demeurant en cette ville, rue Nationale, maison Guillard, ex domestique de M. Ayot, pharmacien,

1848. —— 16 Xbre
Déclaration de Dlle
Dulac sur le sirop
Lamouroux.

demeurant également en cette ville, laquelle a déposé :

Qu'ayant demeuré environ trois ans chez M. Ayot, elle a, pendant tout ce temps remarqué que le dit Ayot confectionnait plusieurs sortes de sirops, les faisait dans la cuisine, seulement depuis l'année passée ; qu'auparavant il les faisait dans une petite chambre à gauche et dans son jardin ; et que ce n'est que depuis que cette chambre a été louée par le Sr Feinier, qu'il les faisait dans la cuisine. Qu'elle avait parfaitement reconnu, entre les sirops qu'il confectionnait, un d'entr'eux dont la petite bouteille portait un cachet sur le verre, cachetée avec de la cire rouge et sur laquelle était apposée une étiquette semblable à celle ci jointe par-dessus le goudron, laquelle étiquette a été reconnue par la Dlle Dulac, semblable en tout à celles qu'on apposait sur la cire rouge.

La dite Dlle Dulac ajoute que le Sr Ayot faisait des envois de ces sirops à la maison Louis Faure à Lyon et que plus tard, ayant cessé d'en envoyer à cette maison, il en expédia à la maison Brunys, à Lyon, rue Lanterne, que, sans pouvoir préciser le nombre des caisses qu'il expédiait, elle peut cependant dire qu'en hiver, il en expédiait une ou deux caisses par mois.

Elle ajoute de plus que le Sr Ayot fait également des capsules chez lui, et que pour cela faire, on avait une espèce de machine en fer qu'on faisait tourner et après cela, on sortait la capsule telle qu'on la désirait, elles étaient ensuite apposées sur les goulots des bouteilles par un procédé, au moyen d'une ficelle qu'on tournait autour du goulot, après deux ou trois tours de cette même ficelle, la capsule se trouvait placée. — Elle fait remarquer qu'on ne mettait pas de cire au goulot des bouteilles où l'on apposait la capsule.

La Dite Dlle Dulac ajoute que les bouteilles De sirop sus désignées provenaient de la maison Mollon, verrier, à Lyon, rue Confort N.º 14, et que ces bouteilles lui parvenaient par le roulage de Bebron, dans de grandes caisses qui étaient déballées chez le S.r Ayon;

Elle ajoute qu'un certain jour, dans une des Caisses de bouteilles envoyées par M. Mollon, se trouvait un cachet qu'on avait primitivement perdu, et qu'à force de recherches on le retrouva parmi la paille, qu'auparavant, le croyant perdu à jamais, on avait écrit à M. Mollon, pour que cet envoi lui fut fait et que c'est pendant cet intervalle que ce cachet fut retrouvé.

De tout ce que dessus, nous avons rédigé la présente déclaration et après lecture Mad.lle Dulac l'a approuvée sincère et véritable et a signé avec nous. Signé : Marie Dulac. Vassal.

1848. ___ 16 Xbre.
Déclaration de Dlle
Dulac, sur les Pilules
Vallet.

Devant nous, Commissaire de Police, de Villefranche et la banlieue (Rhône).

La D.lle Marie Claudine Dulac, nous a déclaré volontairement que pendant qu'elle était servante chez M. Ayon, et seulement depuis environ 18 mois, il confectionnait des pilules qu'on mettait, dit-elle, dans un mortier, les ayant remuées, on les mettait en pâte, puis sous un rouleau en cuivre, et étant confectionnées on les mettait dans un tamis que l'on portait au four p.r sécher, chez le S.r Ducôté, boulanger; on les mettait ensuite dans un petit flacon en verre bleu que l'on bouchait avec un bouchon que l'on coupait ensuite ras. Ces pilules étaient envoyées à Lyon, mais sans pouvoir dire chez qui;

La présente Déclaration a été signée par la dite Dlle
Bulac, avec nous.
à Villefranche, le 16 Décembre 1848. Signé: Marie
Bulac, Vassal.

L'an 1848, et le 16 Décembre, par devant nous
Commissaire de Police de Villefranche, la Dlle Bailly
(Marie Justine), âgée de 21 ans, demeurant à Villefranche,
a déposé ce qui suit: = Il y a environ 18 mois que le
Sieur Ayor, pharmacien en cette ville, fit déposer
dans un bûcher appartenant au Sr Bailly, son père,
une caisse n'étant pas fermée; elle prit la curiosité
de voir ce qu'elle contenait, elle remarqua que parmi
les bouteilles contenues dans cette caisse, il s'en
trouvait qui portaient le cachet de Sirop de Briant
elle remarqua également que dans une autre petite
caisse, contenue dans la grande, il y avait bon
nombre d'étiquettes, mais elle ne peut nous désigner
le nom qu'elles portaient. - La Dlle Bailly ajoute que
cette caisse a séjourné chez eux jusqu'à ce que le Sr
Ayor ait fait enlever, au fur et à mesure, les bouteilles qu'elle contenait. - Elle ne peut préciser
l'époque à laquelle cette caisse fut retirée. - De
laquelle déclaration nous avons rédigé le présent
procès verbal, la Dlle Bailly, après lecture l'a approuvé
sincère et véritable et a signé avec nous. - Signé Marie
Justine Bailly. Vassal.

A la suite de la Déclaration qui précède nous
avons recueilli celle de Bailly, Pierre, horloger, habitant
avec son père, âgé d'environ 16 ans, qui a déposé ainsi
qu'il suit: - Il y a environ 18 mois qu'une caisse

ayant été déposée chez son père par M. Ayot, ph[armaci]en en cette ville, la caisse n'était pas fermée, il y aperçut beaucoup de bouteilles, les unes vides et les autres pleines, ces dernières, placées au fond de la Caisse portaient l'empreinte, sur le verre, de Sirop de Lamouroux, il ne peut préciser quelle était la cire, par la couleur, qui fermait les bouteilles au goulot.

Il dit aussi avoir remarqué des étiquettes en papier apposées sur les dites bouteilles, portant les mots de: Sirop pectoral de Lamouroux. et il en précise bien la forme, sans pouvoir cependant désigner les vignettes ou autres marques distinctives qui se trouvent dessus.

Il dit aussi qu'il y avait des bouteilles vides dans la dite caisse et portant également les mots: Sirop de Lamouroux, sur l'empreinte en verre;

Il ajoute encore qu'il a vu des capsules et des petits livres dans cette même caisse, ainsi que des cachets dont il ne peut nous donner l'écrit qui portaient ces cachets.

De tout ce que dessus, nous avons rédigé la présente déclaration, et après lecture faite, il nous l'a déclarée sincère et véritable et a signé avec nous; signé: Bailly fils, Passal.

1849. — 26 Janvier
Déclaration de Bailly fils sur les Pilules de Vallet.

L'an mil huit cent quarante neuf, et le 26 Janvier, à la requête de M. Henri Torchon, demeurant à Paris, rue Jacob, 19.

Nous, Commissaire de Police de Villefranche (Rhône) et la banlieue, officier de police auxiliaire de M. le Procureur de la République.

Rapportons que s'est présenté devant nous, le fils

Bailly, horloger, âgé de 16 ans, demeurant à Villefranche, lequel a déposé ce qui suit :

Que pendant un an, allant régulièrement chez le Sr Ayor, pharmacien en cette ville, et que toutes les fois qu'il s'y était trouvé, il avait vu confectionner des pilules, sans cependant connaître le nom qu'on leur donnait, qu'il les voyait faire, les rouler aux doigts, et qu'on les portait au four, chez le Sr Bucôté, boulanger, voisin du dit Bailly, et ensuite on les argentait et on les mettait dans des flacons en verre bleu, d'une forme aussi large du haut que du bas, on bouchait les dits flacons avec un bouchon de liège que l'on coupait ras.

Après lecture, le dit Bailly fils a signé avec nous.
Signé : Bailly fils, Vassal.

Déclaration de Suchet père. En continuant, le Sieur Suchet père, demeurant à Villefranche, a déposé que le 15 ou le 16 du courant, se trouvant chez le Sr Pelosse, cabaretier, rue de Fayette, il entendit dire par ce dernier que la caisse de pilules dont on avait tant fait de bruit, et provenant de Mr Ayor, le père Calendras avait dit que c'était le fils Suchet qui l'avait retirée.

Déclaration Calendras. Le Sr Calendras entendu a répondu : que quelques jours après que cette caisse fut retirée des mains de Berujac François, son beaufrère, ce dernier avait dit que la caisse dont il s'agit, avait été retirée, au nom de Mr Bruny, fils aîné, à Lyon, et que ce dernier n'ayant pas reçu la dite caisse, il l'avait fait demander à Berujac, que des recherches ayant été faites, il avait dit que c'était le fils Suchet qui l'avait fait prendre.

Déclaration Berujat.

M. Berujat a répondu : que c'était lui qui conduisait les équipages le jour qu'on réclama une caisse à l'adresse de la maison Bruny et Chanel ; qu'il ne connaît pas les deux individus qui la réclamèrent, et que la maison Bruny la leur réclama plus tard. — Lecture faite, le Sr. Berujat a signé avec nous. Berujat. Passal (signé).

Déclaration Debrou.

Le Sr. Debrou a dit, en présence de M. Corchon, ci-dessus désigné, que le Sr. Ayor lui avait dit, en parlant d'une caisse perdue, qu'elle était d'une valeur de 113 fr. le Sr. Debrou a signé avec nous. Debrou, Passal (signé).

1849. — 27 Janvier
Déposition Mollon.

Ce jourd'hui, 27 Janvier 1849.

Pardevant nous Juge D'instruction pour l'arrondissement de Lyon, (Rhône, soussigné, assisté de notre greffier, est comparu le témoin ci-après nommé, cité par exploit de Dufaître, huissier, en date du jour d'hier, lequel nous a représenté la copie et a prêté serment de dire toute la vérité, rien que la vérité, sur les questions qui lui ont été faites, conformément à la loi, il a déclaré n'être parent ni allié, ni Domestique des parties et se nommer.

Jean Mollon, agé de 37 ans, md De verre, Demeurant rue Confort N° 14, et Dépose :

Je fais depuis plusieurs années des affaires avec le Sr. Ayor, pharmacien à Villefranche, je lui vendais toutes sortes de verreries propres à son état, mais comme il trouvait que je n'étais pas, selon lui, bien assorti, il achettait souvent ailleurs, mais je ne sais pas chez qui. Conformément à la Demande que vous m'avez faite par votre citation, j'ai vérifié

1849. 27 Janvier.
Commission rogatoire
à Villefranche.

Nous, F. Fleury Dela, Juge au Tribunal Civil de 1re instance de Lyon (Rhône).

Vu la procédure en instruction contre le Sr Ayot, pharmacien à Villefranche, inculpé de contrefaçon des pilules Vallet, du sirop de Lamouroux et des étiquettes et prospectus servant à distinguer dans le commerce ce diverses préparations pharmaceutiques

Commettons rogatoirement Mr le Juge d'instruction pour l'arrondissement de Villefranche, à l'effet de faire comparaître devant lui et d'entendre en déposition:

1° Le Sr Sucher père, menuisier à Villefranche sur ce qu'il peut savoir de cette affaire; dire le nombre et la grandeur des caisses qu'il a fabriquées pour le dit Ayot; sur l'emploi que celui-ci lui disait vouloir faire de ces caisses?

2° Le Sr Sucher fils, sur le point de savoir s'il n'a pas été employé chez le Sr Ayot; s'il ne sait pas que celui-ci autrefois contrefaisait le sirop de Lamouroux et les pilules de Vallet; s'il sait comment il se procurait les flacons et les bouteilles de forme particulière avec lesquels ces remèdes sont livrés au commerce, ainsi que les étiquettes et prospectus dont ils sont accompagnés; à qui Ayot vendait ces médicaments contrefaits; s'il ne les vendait pas à un prix inférieur à celui auquel ils lui revenaient en les tirant de chez les inventeurs; s'il n'était pas à sa connaissance qu'Ayot avait expédié par le voiturier Debrou, aux Sr Bruny fils et Chanel de Lyon, le 11 Août dernier une caisse contenant cent vingt-cinq flacons de Pilules de Vallet; si cette caisse n'a pas été soustraite en route; ce qu'elle est devenue? Enfin sur tout ce qu'il peut savoir relatif à cette affaire.

3° Mr Bailly, horloger à Villefranche, si M. Ayot

ne lui avait pas confié une caisse, ce que contenait cette caisse, et pour quel motif et à quelle époque elle lui avait été confiée ?

4° Le S' Moronoz, de Villefranche, sur un fait de même nature, même question.

Et tout autre témoin qui pourraient être indiqués.

Nous le commettons en outre, pour interroger ensuite, sous mandat de comparution, le Dit S' Ayor, sur tous les faits qui pourraient résulter des Dépositions sus rappelées.

Il sera invité à apporter au Ing. D'instruction, en venant donner ses réponses, ses comptes détaillés extraits de ses livres de Commerce, avec M. M. Brunet et Fouville, imprimeurs lithographes, M. M. Bruny fils & Chanel, Droguistes, depuis le 10 Janvier 1841, époque de leur association, et avec Mollon, marchand verrier ;

Il lui sera en outre, adressé les questions ci-après :

1° Depuis quand la maison Brunet et ensuite la maison Brunet et Fouville lui fournissent des étiquettes pour les Sirops de Lamouroux et les pilules de Valles, portant les noms, l'adresse et la signature de Lamouroux & Valles ?

2° Quelle est la quantité D'étiquettes qu'il en a reçu ?

3° S'il n'a pas fait changer l'étiquette de Lamouroux à Diverses reprises par l'imprimeur ?

4° Par qui la signature de Lamouroux était-elle placée sur les étiquettes anciennes et nouvelles ? sur les anciennes, elle paraissait l'avoir été après coup.

5° À quelle époque il aurait fait faire la Dernière planche des étiquettes Lamouroux ?

6° Quelle quantité de bouteilles, dites 1/4 Anglais, à cacheter, il a reçue de M. Mollon ; quels étaient ces Divers cachets, et combien avec le cachet de Lamouroux ?

7° Comment faisait-il sa demande à Mollon ?

8° Avait-il ces cachets, ou lui, Ayon, les lui envoyait-il chaque fois qu'il lui faisait une commande de bouteilles ?

9° Les bouteilles quart Anglais, à cachet Lamouroux, et les flacons bleus cylindriques, avec leurs étiquettes en cachets, lui servaient-ils seulement pour la vente en détail dans sa pharmacie, ou pour la vente en gros ?

10° Dans ce dernier cas à qui expédiait-il ces articles ?

11° N'a-t-il pas expédié dans ces dernières années et notamment en 1847 et en 1848, des marchandises à MM Bruny fils & Chanel, Mounier, Casenave, Borelly Biétrix &Cie. tous droguistes à Lyon ?

12° Quelle quantité de marchandises peut-il leur avoir expédié ?

13° Quelles étaient ces marchandises ?

14° A quel emploi étaient destinées les caisses d'emballage qui lui ont été livrées par divers menuisiers et entr'autres par Sucher père ?

15° Comment se fait-il que ces caisses fussent à peu près toutes de même grandeur et eussent à peu près le même poids ?

16° Sait-il ce qu'est devenue une caisse expédiée à Bruny fils et Chanel, le 11 août dernier par le messager Debrou ?

17° N'avait-il pas, ou n'a-t-il point remis d'autres caisses au même messager pour les faire transporter à Lyon, quelle quantité peut-il en avoir expédié ?

18° Comment se fait-il que du 23 Novbre 1847 au 16 Mai 1848, il ait expédié par l'entremise de Courras père & fils, commissionnaires de roulage, 21 Caisses pesant ensemble 2992 Kilog. ?

19º Que contenaient ces caisses ?

20º N'a-t-il pas confié une caisse au Sr Bailly horloger à Villefranche ; que contenait cette caisse ; pour quel motif la lui avait il confiée ?

21º N'en a-t-il pas confié une autre au Sr Morend de Villefranche ; que contenait elle, et pour quel motif lui confiait il ?

Enfin toutes autres questions que les réponses d'Ayot pourraient suggérer à Mr le Juge D'instruction, pour être ensuite statué ce qu'il appartiendra.

Nous le prions encore d'entendre en Déposition un témoin que nous avions oublié de rappeler plus haut le Sr Debrou, voiturier à Villefranche, sur les points ci-après :

Si Ayot ne lui donnait pas De marchandises à transportées à Lyon ?

A qui elles étaient adressées ?

Qu'est Devenue la Caisse qui lui avait été remise le 11 Août dernier par Mr Ayot, pour Mr Mr Brumy fils ainé à Chanel, et que ces Derniers n'ont pas reçue ?

Par qui cette caisse a-t-elle été réclamée ?

Si on la lui représentait, la reconnaitrait il ?

Mr Ayot ne lui remettait-il pas des commissions pour Mr Mollon verrier à Lyon ; quelle était la grosseur des paquets que Mr Ayot lui remettait, sait-il ce qu'ils contenaient ?

Ne prenait-il pas chez Mr Mollon de la verrerie pour Mr Ayot ?

N'y avait-il pas Dans cette verrerie, beaucoup plus de bouteilles à cacher que D'autres articles ?

Sait-il quels étaient les cachets qui étaient sur les bouteilles ?

41.

Note des Caisses
faites pour le Compte de Mr Ayot,
Pharmacien à Villefranche.

Prix convenu, 3 f: 75 c. l'une.

1846	11	Aoùt	Avoir livré huit caisses	F.	30.	»
»	10	Septembre	Avoir livré deux caisses		7.	50.
»	15	id.	Avoir livré trois caisses		11.	25.
»	29	id.	Avoir livré deux caisses		7.	50.
»	10.	Décembre	Avoir livré trois caisses		11.	25.
1847	27	Janvier	Avoir livré une caisse		3.	75.
»	12	Novembre	Avoir livré trois caisses		11.	25.
»	27	id.	Avoir livré une caisse		3.	75.
»	12	Décembre	Avoir livré deux caisses		7.	50.
»	21	id.	Avoir livré quatre caisses		15.	»
»	30	id.	Avoir livré deux caisses		7.	50.
1848	29	Janvier	Avoir livré deux caisses,		7.	50.
»	7	Février	Avoir livré trois caisses.		11.	25.
»	31	Mars.	Avoir livré une caisse.		3.	75.

Total 37 Caisses, — 138, 75.

La note n'indique pas le nom du menuisier
qui a fait les caisses pour Mr. Ayot. (C'est le Sr
Suchet père, à Villefranche.)

2ème Témoin. — Claude Debroud, âgé de 31 ans,
Commissionnaire demeurant à Villefranche, dépose :

Je suis voiturier de Villefranche à Lyon, en trois fois
par semaine, j'y conduis des caisses, des ballots et marchandises
qui me sont remis. — Par suite des conventions que j'ai faites
avec les Srs Blanc, Méhu et Ayon, pharmaciens à Villefranche,
je conduis pour eux à Lyon, depuis un certain nombre
d'années, tout ce qu'ils ont à m'y faire transporter, et cela
moyennant un abonnement de cent francs par année, avec
Mr Blanc, et de quatre-vingts francs avec Mr Ayon et
Mr Méhu.

D. Sont-ce des caisses que Mr Ayon vous remet
habituellement ?

R. Oui, le plus souvent —

D. À qui sont-elles adressées ?

R. Tantôt à MM. Bruny et Chanel, tantôt à Mr
Bruny fils aîné, tantôt à d'autres dont je ne me rappelle pas
les noms, attendu que mes voitures sont très souvent conduites &
les marchandises livrées par mes garçons voituriers.

D. Mr Ayon ne vous remit-il pas, le 11 du mois dernier,
pour les Srs Bruny et Chanel, une caisse qui n'est pas
parvenue à ces derniers ?

R. Je crois bien me rappeler qu'une caisse m'a
été remise par lui, pour ceux dont vous venez de me parler
et que cette caisse n'est point parvenue à ces derniers.

D. Ne vous a-t-elle pas été réclamée et par qui ?

R. Oui, mais j'ignore le nom de celui qui en a fait
la réclamation, ou plutôt je ne me le rappelle pas.

D. Si l'on vous le représentait, le reconnaîtriez-vous ?

R. Non.

D. Mr Ayon ne vous remettait-il pas souvent des

commission pour M. Mallon ; quelle était la grosseur des paquets qu'il vous remettait, et savez-vous ce qu'ils contenaient ?

R. Je prenais bien de la verrerie chez M. Mallon, pour M. Ayor, mais ce dernier ne m'a jamais rien fait transporter chez lui.

D. N'y avait-il pas dans cette verrerie beaucoup plus de bouteilles à cachet que d'autres articles ?

R. Je ne pouvais le savoir, parce que tout ce qu'il me remettait était emballé lorsque je me présentais au devant de son magasin pour en faire le chargement.

D. De quelle manière M. Ayor vous donnait-il ses commissions pour Lyon ?

R. Il venait me dire vous passerez chez tel et tel et vous y prendrez ce que l'on vous remettra.

D. Pourriez-vous nous représenter vos livres ?

R. Comme M. Ayor était abonné avec moi moyennant 80 francs pour tous les transports qu'il avait à opérer pour Lyon dans l'année, vous n'y trouveriez rien qui le concerne.

Plus n'a dit savoir. — Lecture faite au témoin de ses réponses, il déclare y persister. Signé : Debroud, Guillot & Bernard.

Déposition de François Moronoz.

3ème Témoin. — François Moronoz, 63 ans, Commissionnaire à Villefranche, dépose :

Je représente à Villefranche, la maison Courrar père et fils, commissionnaires de roulage à Lyon et j'explique que les 23 Novembre, 28 et 31 Décembre 1847, 18 et 28 Janvier, 1er 4, 11 et 18 Février, 7, 10, 17, 24 et 31 mars, 2 Avril et 16 mai 1848 M. Ayor, pharmacien à Villefranche m'a remis pour être transportées à Lyon, par nos voitures, vingt-quatre caisses aux adresses des Srs Bruny fils aîné à Chanel, Monne, Cazenave et Borelly et Bietrix & Cie, vingt-quatre caisses

Dont je ne puis Déterminer la grandeur, mais qui
saient le plus ordinairement 150 Kilog.ᵉˢ chacune. J'ai
toujours ignoré ce que ces caisses contenaient, et lorsqu'elles
m'étaient remises, c'était avec de simples adresses pour les
Destinataires et sans aucune recommandation particulière de
M Ayos.

D. M Ayos ne vous a-t-il pas, il y a quelques
temps, confié spécialement et à titre de Dépôt, une Caisse?

R. Oui, il m'a fait ce dépôt, parceque, Disait-il, il
manquait D'emplacement chez lui, mais je ne puis me
rappeler à quelle époque.

D. Savez-vous ce que cette caisse contenait?

R. Je n'ai jamais cherché à le savoir, quoiqu'elle
ne fut pas fermée, seulement je remarquai le jeune Suches
son commis, y venir prendre de temps à autre, des petites
bouteilles Dont j'ai toujours ignoré le contenu.

D. Quelle était la forme de ces bouteilles et la
couleur du verre?

R. J'y ai si peu fait attention qu'il ne m'est pas
possible de le Dire.

D. M. Ayos vous a-t-il quelquefois, chargé De
lui amener De Lyon et des magasins du S.ᵉ Mollon, des
balles de verreries?

R. Non, je ne lui ai jamais rien ramené de Lyon
Plus n'a Dit savoir. suivent les Signatures.

Extrait &.ᵃ

Note des Caisses expédiées à Lyon par Ayot, par l'entremise de la maison Courrat père en fils.

Extrait du registre d'expédition, délivré à Villefranche, par le représentant de la maison Courrat père en fils.

Année	Mois	Jour	Nombre	Nature	Poids	Désignation
1847	Novembre	25	1	Caisse	K 150	Envoi de Ch. Ayot à MM. Bruny fils aîné et Chanel.
"	Décembre	28	1	id.	" 150	id. à id.
"	"	31	1	id.	" 150	id. à id.
"	"	"	1	id.	" 150	id. à M. Monnet
48	Janvier	18	1	id	" 150	id à M. Bruny fils aîné.
"	"	28	1	id	" 150	id à id.
"	Février	1er	2	id.	" 225	id. à id.
"	"	4	1	id	" 150	id à id.
"	"	11	2	id	" 300	id à id.
"	"	"	1	Petite Caisse	" " "	id à MM. Casenouve et Borely.
"	"	"	1	id	" . .	id à MM. Biétrix et Cie
"	"	18	1	id	" 25	id à id.
"	"	"	1	Caisse	" 150	id à MM. Bruny fils aîné et Chanel
"	Mars	7	2	id	" 220	id à id.
"	"	10	1	id	" 150	id à id.
"	"	17	1	id	" 150	id à id.
"	"	24	2	id	" 300	id à id.
"	"	31	2	id	" 335	id à id.
"	Avril	2	1	id	" 112	id à id.
"	Mai	16	1	id	" 150	id à id.

K. 3.267.

Certifié conforme au registre d'expédition,
Villefranche, le 16 Décembre 1848.
Pour Courrat père et fils, Moronot (signé).

4ème Témoin. — Pierre Bailly, âgé de 16 ans, horloger à Villefranche, dépose :

Il y a 15 mois environ qu'allant assez fréquemment dans la pharmacie de M. Ayon pour y voir Pierre Sucher son commis avec lequel j'étais lié, je remarquai ce dernier fabriquer des pilules en assez grande quantité.

J'ignorais alors le nom de ces pilules, et je ne cherchais même pas à le savoir; ce n'est que depuis la sortie de Pierre Sucher de la pharmacie de M. Ayon, que le dit Pierre Sucher m'a dit que les pilules que je lui avais vu faire étaient des pilules Vallet.

D. A quel propos vous a-t-il dit cela?

R. Comme il venait souvent me voir, il me racontait tout ce qui se faisait chez M. Ayon, et il me parla notamment des pilules Vallet, en m'expliquant que c'était celles que j'avais dû lui voir fabriquer plusieurs fois.

D. M. Ayon ne vous a-t-il pas confié, il y a quelque temps, une caisse, en vous expliquant pour quel motif il vous la confiait, et ce qu'elle contenait?

R. Il y a deux ans environ, autant que je puis me le rappeler, que M. Ayon nous demanda la permission d'entreposer dans notre bûcher, une caisse, sur le motif qu'il manquait d'emplacement chez lui, et je me rappelle que Pierre Sucher, son commis, venait assez souvent prendre des bouteilles dans cette caisse.; mais comme il n'avait pas la précaution de la fermer, après les avoir prises je visitai, plusieurs fois, ces bouteilles; et je remarquai à leurs cachets, qu'elles renfermaient du sirop de Lamouroux. Avec ces bouteilles, était une petite boîte qui contenait des étiquettes et plusieurs cachets mais je n'ai pas eu la curiosité de chercher à savoir ce que portaient ces cachets et ces étiquettes.

Plus n'a dit savoir. — Lecture faite &c. signé Bailly.

6. Février 1849
Interrogatoire
de Camille Ayon.

Demande. La maison Brunet et Fonville, et avant elle, la maison Brunet, ne vous fournissait-elle pas des étiquettes pour le Sirop de Lamouroux et la pilule Vallée, portant les noms, l'adresse et la signature de Lamouroux et Vallée?

Réponse. Non.

D. N'avez-vous pas fait changer à diverses reprises par le même imprimeur, l'étiquette de Lamouroux?

R. Non, puisque je viens déclarer que je n'en ai jamais fait faire à cet imprimeur.

D. Est-ce que vous n'aviez pas dans votre pharmacie des étiquettes de Sirop de Lamouroux que vous aviez pu vous procurer ailleurs?

R. Non.

D. N'est-ce point dans le magasin de verrerie du S. Mollon que vous avez l'habitude de vous approvisionner de toutes les bouteilles fioles ou bocaux nécessaires à votre pharmacie?

R. Quelquefois je m'adresse à M. Mollon, et d'autres fois à des marchands de verrerie de Paris, tels que M.M. Gosse & Simonne.

D. Depuis combien de temps avez-vous commencé à vous servir chez M. Mollon?

R. Depuis trois ou quatre ans.

D. N'est-ce point par le voiturier Debrond que vous faisiez venir des magasins du dit S. Mollon, les achats que vous faisiez de ce dernier?

R. Oui.

D. Ces achats ne comprenaient-ils pas une certaine quantité de bouteilles dites quart Anglais et à cachet?

R. Oui, quelquefois, mais je ne sais pas comment

on les dénomme, seulement elles contiennent un quart
de litre environ.

D. Parmi ces bouteilles, ne s'en trouvait-il pas
un assez grand nombre avec le cachet Lamouroux ?

R. Aucune.

D. De quelle manière faisiez-vous vos demandes à
M. Mollon ?

R. Toutes les fois qu'il venait à Villefranche ou lorsque j'allais moi-même à Lyon.

D. Est-ce que vous ne lui en faisiez-vous pas quelquefois par écrit
R. Je ne me rappelle pas.

D. M. Mollon n'avait-il pas le cachet de Lamouroux
R. Je l'ignore.

D. Ne faisiez-vous pas assez souvent venir des mêmes
magasins des flacons en verre bleu et de forme cylindrique ?

R. Non.

D. En avez-vous fait venir de Paris ?

R. Ceux que je fais habituellement venir de Paris
sont bien en verre bleu, mais de forme carrée et sans cachet

D. N'avez-vous pas expédié depuis plusieurs
années et notamment en 1847 et 1848, des marchandises
à MM. Bruny fils et Chanel, Mornex, Caseneuve
et Borelly, Dietrix & Cie tous droguistes à Lyon ?

R. Je crois, autant que je puis me le rappeler,
n'avoir expédié qu'à MM. Bruny fils et Chanel.

D. Quelles étaient ces marchandises ?

R. Du sucre et sirops de groseilles, sucs et
sirops de coing, sucs et sirops d'asperge et enfin d'a
produits que je ne puis me rappeler.

D. Quelle était la quantité de ces marchandises ?

R. Le plus que je pouvais.

D. Depuis plusieurs années encore, n'avez-vous pas fait fabriquer par plusieurs menuisiers de cette ville, et notamment par le S.r Sucher père, une certaine quantité de Caisses ?

R. J'ai bien fait faire à ce dernier des travaux en menuiserie, mais ma mémoire ne me permet pas d'en préciser le nombre.

D. Ces caisses n'étaient-elles pas toutes d'une égale grandeur, c'est-à-dire d'un mètre de longueur sur 50 centimètres de largeur et autant en hauteur ?

R. Je ne les ai jamais mesurées, mais elles étaient, autant que je puis me le rappeler toutes de la même grandeur.

D. À quel emploi étaient-elles destinées ?

R. À renfermer les produits de ma pharmacie que j'expédiais à MM Bruny fils et Chanel et dont j'ai parlé plus haut.

D. Pourquoi ces caisses étaient-elles toutes à peu près de la même grandeur ?

R. À cause des bouteilles que j'ai également désignées plus haut et qui contenaient ces mêmes produits.

D. Le 12 Août dernier n'avez-vous pas expédié à MM Bruny fils et Chanel, par le voiturier Bebroud, une caisse qui s'est égarée ?

R. N'ayant pas réglé, depuis le 30 Juin dernier, mes comptes, je ne puis m'expliquer à l'égard de cette caisse, mais toutes les semaines il m'arrive de leur retourner des caisses ou emballages vides.

D. N'avez-vous pas remis d'autres caisses au même voiturier pour les faire transporter à Lyon et en quelle quantité ?

R. C'est possible, et comme j'étais abonné avec lui pour tous mes transports, moyennant 80 f.s par année, je ne prenais pas note des quantités et dès lors, je ne puis me le rappeler.

D. N'aviez-vous pas recours pour vos transports à d'autres commissionnaires ?

R. J'ai eu quelquefois recours au roulage de M.rs Courrau père et fils.

D. Comment se fait-il, puisque vous étiez abonné avec le S.r Debroud, que depuis le 23 9.bre 1847, jusqu'au 16 Mai 1848, vous ayez expédié à Lyon, par l'entremise des dits S.rs Courrau père et fils, 24 caisses, ainsi que cela résulte de la déclaration du S.r Moronoz, leur gérant en cette ville ?

R. Parceque je n'étais abonné avec le S.r Debroud que pour le transport de Lyon à Villefranche, des march.ses qui m'étaient expédiées et pour le retour des emballages, et que, dès lors, je recourais au commissionnaire qui me faisait payer le moins cher.

D. Que contenaient les caisses que vous avez expédiées à Lyon dans l'intervalle que nous venons de vous désigner ?

R. Les produits de ma pharmacie dont j'ai parlé.

D. N'avez-vous pas, à une époque que vous pourrez sans doute nous désigner, déposé dans le bûcher du S.r Bailly, votre voisin, une caisse contenant des bouteilles ?

R. Oui, et c'était à l'époque où je fis faire des réparations dans la maison que j'habite, réparations qui ont été faites il y a deux ans environ ; je manquais alors d'emplacement, et je ne mis pas seulement dans ce bûcher cette caisse, mais encore des tonneaux de piquette et des pots de fleurs, j'ajoute que j'avais entreposé dans cette caisse tout ce qui me gênait.

D. Ne contenait-elle pas, entr'autres des bouteilles de sirop de Lamouroux ?

R. C'est possible, puisque j'en suis dépositaire.

D. Ne s'y trouvait-il pas encore renfermé un paquet d'étiquettes et plusieurs cachets contenus dans une boîte ?

R. Non.

D. Indépendamment de la Caisse que vous avez déposée dans le bûcher du Sr Bailly, n'en avez vous pas encore déposé une dans le magasin des sieurs Coursat père et fils, situé à peu de distance de votre pharmacie?

R. J'y déposais souvent des Caisses qui étaient destinées à être transportées à Lyon, mais je ne lui en ai jamais déposé d'une manière particulière.

D. N'avez vous pas habituellement dans votre pharmacie des petits flacons de verre bleu et de forme cylindrique, destinés à recevoir les pilules d'aller et sur lesquels étaient des étiquettes indicatives de ces pilules?

R. Non.

D. Si vous ne les aviez pas dans votre pharmacie, ne les aviez-vous pas dans votre laboratoire ou dans votre grenier?

R. Non.

D. Faisant souvent des envois à Lyon, et recevant également des marchandises de cette dernière ville, vous devez avoir des Livres? Montrez nous les.

R. Comme je fais toutes mes affaires au comptant, je vais souvent à Lyon et j'y règle toutes mes factures ce qui me dispense de tenir des livres, aussi n'en ai-je pas d'autres qu'un petit livre courant, sur lequel j'inscris le débit journalier de ma pharmacie, que je reporte ensuite sur un grand livre, mais sur ce dernier livre, il n'y a pas autre chose que ces comptes.

A l'instant, Mr Ayor nous a représenté tous les livres dont il vient d'être parlé, et après en avoir fait la vérification, de la manière la plus

minutieuse(s), nous n'y avons rien trouvé
qui ait trait à ses relations avec MM. Brunet
et Fonville, Bruny fils et Chanel, Monnier,
Caseneuve et Borelly, et Biétrix & Compagnie),
ainsi qu'avec M. Mallon.

Puis, nous avons demandé au dit sieur
Ayot.

Demande. N'avez-vous pas quelquefois
dans votre pharmacie et même sur votre banque
ou comptoir, des étiquettes indicatives des pilules
Vallet ou détachées de leurs flacons?

Réponse. Je ne crois pas, cependant il
a pu arriver qu'un client, rapportant intact
un flacon vide avec son enveloppe que je
lui avais vendu, dans l'espoir d'une diminution
sur un autre achat, des mêmes pilules, mes enfants
se soient amusés à découper l'étiquette et à
la laisser sur la banque.

Plus n'a été interrogé.

Lecture faite au prévenu de ses réponses,
il déclare y persister et a signé avec nous et le
Greffier.

Signé: Camille Ayot, Bernard, et
Guillot.

___

Brunet & Fonville

Brunet et Touville.

À Monsieur le Président du
Tribunal civil de Lyon.

Alfred Gabriel Vallet, Docteur en médecine, ancien
pharmacien, domicilié à Paris, rue Caumartin, N° 39, et M.
Louis Frère, ancien pharmacien, dépositaire général des
pilules ferrugineuses de Vallet, domicilié à Paris, rue Jacob,
N° 19, lesquels agissent conjointement, poursuites et diligences
de M° Émile Labarthe, avocat, demeurant à Paris, rue
Jacob N° 19, leur mandataire, suivant procuration notariée,
et font élection de domicile et constitution d'avoué en l'étude
et personne de M° Albertin, avoué à Lyon, rue Portefroc, 1er.

Ont l'honneur d'exposer :

Que M° Frère est dépositaire général pour vendre
un produit de pharmacie dont M° Vallet est inventeur, connu
sous le nom de Pilules de Vallet, — ces pilules se vendent
dans des flacons de verre bleu cylindrique, recouverts d'une
étiquette portant la signature de M° Vallet. — La vente de
ce produit est annoncée et accompagnée par des prospectus
signés de M° Vallet.

Les exposants ont fait le dépôt conformément
à la loi des flacon, étiquette, cachet et prospectus qui constituent
à leur profit marque de fabrique, ne peuvent être contrefaits.

Cependant les exposants savent que des pilules
ferrugineuses ne sortant pas de leur laboratoire sont vendues
à Lyon sous le nom de Pilules de Vallet, et que pour mieux
tromper le public les vendeurs n'ont pas hésité à contrefaire
le flacon des exposants, à contrefaire leur étiquette, leur
cachet et leur prospectus, jusqu'à la signature de M°
Vallet.

Ces faits sont assimilés par la loi pénale au

crime de faux en écriture privée; mais ils constituent aussi le délit de contrefaçon dommageable pour les exposants qui veulent obtenir réparation.

Pour cela il importe aux exposants de saisir le corps du délit.

Ils savent qu'une caisse contenant le produit contrefait avec l'usurpation du nom de Valles et la falsification de signature, se trouve en ce moment à Lyon chez Mr Georges, rue de Jussieu, N° 22, au 3ème.

Ils savent aussi que divers échantillons en plus ou moins grand nombre se trouvent chez plusieurs pharmaciens de Lyon, notamment chez M. M. Bruny et Chanel, droguistes rue Lanterne.

Ils savent que les prospectus et étiquettes contrefaits portant la falsification de la signature Valles se trouvent chez M. M. Brunet et Fouville, imprimeurs lithographes à Lyon, rue Ste Catherine.

En conséquence, les exposants vous prient de les autoriser à faire faire perquisition chez Georges, Bruny et Chanel, Brunet et Fouville, et saisir tous objets portant trace de contrefaçon et de falsification ou usurpation de nom de fabricant, comme aussi chez tous autres qu'il appartiendra; et vous ferez justice. — Signé Albertin.

Vue, commettons l'huissier Engler pour faire les saisies et perquisitions requises. — Lyon, au Palais de Justice, le 13 octobre 1848. Signé D. Français.

Enregistré à Lyon, le 13 octobre 1848, F° 15, N° C° 2, reçu 3^f 30^c signé Bastier.

<table><tr><td>Perquisition Engler.</td><td>...... Je me suis, toujours sur l'indication des requérants, transporté, avec l'assistance de Mr Rions, Commissaire de police à Lyon, dans les ateliers de Mrs Brunet fils et Fouville, imprimeurs lithographes, dem^t</td></tr></table>

à Lyon, Grande rue S.ᵗᵉ Catherine; y étant, j'ai là exhibé aux teneurs de livres de ces Messieurs, ceux-ci étant absents, les requête et ordonnance qui précèdent, et je lui ai fait sommation d'avoir immédiatement à me présenter les pierres de lithographie où sont gravées les étiquettes et prospectus qui leur auraient été commandés par M.ʳ Ayon pharmacien à Villefranche; les invitant à me représenter leurs livres pour que je puisse constater s'ils n'auraient point imprimé des prospectus et étiquettes en contrefaçon de M.ᵈ Vallet; de suite, le teneur de livres m'a montré le Journal et le Grand livre de la maison, et j'y ai vu le compte de M.ʳ Ayon, pharmacien à Villefranche, ouvert depuis le commencement de l'année 1846. Le dernier envoi serait du 14 avril 1848. J'ai copié sur le Grand livre ce qui suit :

— 1848, 14 Avril. — Ayon à Villefranche.

N.ᵒˢ de la Comm.ⁿ	N.ᵒ des Pierres	Objets
385.	1787.	1000 Étiquettes pharmacie N.ᵒ 1
"	211.	1000 id..... id..... N.ᵒ 2.
387	"	100 Petites Étiquettes.
"	200	1000 Étiquettes bandes.
389	Ch. p. pag.	1000 Prosp.ᵘˢ 1/4 carré in-8.ᵒ, 4 pages, dont une page compliquée en 4 lib.ᵈ.
470	1162	1000 Étiquettes pour paquets.
"	"	1/2 Rouleau papier vert p.ʳ envelopper.
469	1757	1000 Étiquettes pour flacons.
"	229	1000 Étiquettes bandes pour flacons.

Alors j'ai sommé les teneurs de livres et les chefs ouvriers de me représenter les pierres lithographiques dont les numéros sont portés sur ce livre, et pour cela, je me suis transporté avec eux dans une grande pièce contenant une très grande quantité de ces pierres; nos recherches ont été vaines pour les Nos 1757, 211, autre 1757 et pour le No 643 que j'avais vu répété plusieurs fois sur le livre. — Ces pierres n'étaient pas à leur place; on trouvait les numéros précédents et suivants, et ceux-là manquaient. — Nous avons trouvé les Nos 200 et 229; mais ceux-là quoique reproduisant d'autres contrefaçons au préjudice d'autres pharmaciens de Paris, je n'ai pas cru devoir m'en occuper, puisqu'ils sont étrangers à l'affaire Vallet et Frère. Enfin nous avons trouvé le No 1162, qui contient le calque parfaitement exact des étiquettes qui se collent sur les flacons de pilules de Vallet, et dont la copie se trouve plus haut. — Ce dessin est reproduit quatre fois sur cette pierre; on y voit aussi la signature Vallet parfaitement contrefaite et semblable à s'y méprendre à celle qui est sur les véritables étiquettes. — D'après le livre, cette contrefaçon aurait été tirée le 14 avril dernier à 1000 exemplaires; j'ai placé cette pierre typographique No 1162 dans une enveloppe de papier; je l'ai ficelée en tous sens, et Mr le Commissaire de police a apposé son sceau, sur cire d'Espagne rouge sur les nœuds, et à l'extrémité de la ficelle. — J'ai saisi cette pierre, et l'ai placée sous la main de la justice; Mr le Commissaire de police l'a retirée par devers lui pour la déposer au greffe du Tribunal correctionnel.

Ayant repris nos recherches, nous n'avons pu voir les numéros manquants; les ouvriers principaux nous ont déclaré que ces planches pourraient bien être chez des dessinateurs qui devaient mettre d'autres dessins du côté opposé à l'impression, ou bien encore chez les ouvriers du dehors qui auraient été chargés par MM. Brunet et Fouville de faire les impressions commandées par Mr Ayot

mais le teneur de livres ainsi que les chefs ouvriers ont assuré
qu'aussitôt la rentrée de l'un de ces Messieurs, et avec
la permission qu'ils en obtiendraient, sans doute ils
chercheraient les numéros manquants et les porteraient
immédiatement chez M^r le Commissaire de police qui
m'assiste.

Je me suis retiré de chez M.M. Brunet et
Fouville après avoir fait pour les requérants toutes
les réserves et protestations que j'ai cru utiles.

13 Octobre 1848.

Ordonnance pour
perquiser.

Nous, Henri Caillau, Juge d'instruction délégué,
Vu la procédure instruite contre les
nommés Brunet et Fouville, imprimeurs litho-
graphes à Lyon, rue Ste Catherine, inculpés de faux;
Vu la plainte portée contre les susnommés
par le nommé Labarthe en date de ce jour, fondé de
pouvoirs des Srs Vallet et René Frère.
Vu le réquisitoire de M^r le Procureur de la
République,
Vu l'Art. 90 du Code d'instruction criminelle,
Commettons Mr Rioux Commissaire de Police
à Lyon,
À l'effet de perquiser au domicile des
nommés Brunet et Fouville, imprimeurs litho-
graphes à Lyon, rue Ste Catherine, d'y saisir toutes
planches et pierres lithographiques sur lesquelles
seraient empreints les prospectus, étiquettes et
cachets portant la signature des dépositaires généraux des pilules ferrugineuses de Vallet de Paris
et qui sont celles de Gabriel Vallet, docteur médecin
à Paris, rue Caumartin N° 39, et Mr Louis René
Frère, ancien pharmacien à Paris, rue Jacob, N° 19,
Faire déposer au greffe de l'instruction,

lesdites planches et pierres lithographiques,

Rechercher également toutes les pierres imprimées ayant rapport à la contrefaçon les saisir,

Examiner les livres de sortie et d'entrée des inculpés, les adresses de ceux auxquels auraient été envoyés lesdites imprimés, annonces ou prospectus, également examiner les commandes qui auraient été faites.

De tout il sera dressé un rapport qui sera déposé en nos mains, pour ensuite être procédé, selon ce qu'il appartiendra.

Lyon, le 13 octobre 1848. — Le juge d'instruction délégué, signé Caillau.

Procès-verbal en exécution de l'Ordonnance ci-dessus.

L'An 1848, et le 13 octobre, nous, commissaire de Police de l'arrondissement du Talais des Arts,

Vu l'ordonnance de Mr Caillau, juge d'instruction de Lyon, par laquelle il nous a commis à l'effet de perquiser dans le domicile des nommés Brunet et Fouille imprimeurs lithographes, à Lyon, pour y saisir toutes planches ou pierres lithographiques sur lesquelles seraient peints les prospectus, étiquettes et cachets portant la signature des dépositaires généraux des pilules ferrugineuses de Vallet de Paris et qui sous celle de Gabriel Vallet, docteur médecin à Paris,

Certifions nous être transportés dans le domicile des susdits Brunet et Fouille, où étant, nous nous sommes fait représenter les livres de sortie et d'entrée des fournitures commandées et envoyées à Mr Ayot, pharmacien à Villefranche.

Nous avons reconnu que différentes livraisons avaient été faites aud. Sr Ayot, nous nous sommes fait représenter les pierres lithographiques sur lesquelles sont empreints les étiquettes, prospectus et cachets portant la signature de Vallet. — Ces papiers sont au nombre de trois; nous les avons saisis et scellés pour être déposés au greffe, et avons rédigé le présent.

Lyon, les jour, mois et an susdits, signé Rious.

30 Octobre 1848.
Requête par Prs Lamouroux et Compie pour être autorisé à perquiser chez Brunes et Fouville.

A Monsieur le Président du Tribunal Civil de Lyon.

Mrs P. Lamouroux et Compie pharmaciens à Paris, rue du Marché aux Poirées N°11, lesquels font élection de domicile en l'étude et personne de Me Albertin, avoué à Lyon, rue Porte Froc N°1er

Ont l'honneur de vous exposer ce qui suit.

Ils sont inventeurs d'un sirop connu sous le nom de Sirop pectoral de Lamouroux, qui se vend dans des flacons de forme spéciale, portant des étiquettes et cachets où figurent les nom et signature de Lamouroux.

Depuis longtemps les exposants s'étaient aperçus qu'ils souffraient d'une contrefaçon exercée à Lyon ou dans les environs; ils viennent enfin d'être mis sur la trace du crime.

Il paraît qu'un Sr Ayot, pharmacien à Villefranche, fabrique un produit similaire de qualité inférieure qu'il vend à bas prix, sous le nom de Sirop pectoral de Lamouroux; mais pour que le public soit induit en erreur, il faut que le Sr Ayot ait eu des complices qui, les uns, contrefassent et falsifient les étiquettes et marques commerciales et jusqu'à la signature Lamouroux, les autres se chargent d'écouler dans le commerce les produits contrefaits.

Les complices sont: MM. Brunes et Fouville

imprimeurs lithographes à Lyon, rue Ste Catherine; et MMrs Abbat et Cheval, pharmaciens à Lyon, rue du Bois, tenant la pharmacie du Nègre.

Avant d'intenter leur action en réparation du dommage qu'ils ont souffert, il importe aux exposants de chercher à mettre sous la main de la justice, les preuves et produits de la contrefaçon.

En conséquence, ils vous prient de les autoriser à perquisir et saisir au domicile de Brunet et Fouville, à la pharmacie du Nègre et partout où besoin sera les produits contrefaits, instruments et preuves du fait de contrefaçon, et ce sera justice. Signé Albertin.

Ordonnance. Nous, Président du Tribunal civil de Lyon, Commettons l'huissier Poy de Lyon pour faire les perquisitions et saisies aux fins de la requête à Lyon, le 30 octobre 1848, signé H. Valois. — Enregistré à Lyon, le 30 8bre 1848, reçu 3f 30c signé Bartier.

Perquisition Poy. ..... Je me suis transporté avec Mr Lamouroux mes deux témoins et Mr Rioux, Commissaire de police de l'arrondissement dans les ateliers et magasins de MM. Brunet, Fouville et Compagnie, imprimeurs lithographes, demeurant à Lyon, rue Ste Catherine, y étant et parlant d'abord au chef-ouvrier, puis à Mr Brunet; je leur ai lu et exhibé les requête et ordonnance dont j'étais porteur, leur faisant sommation de me représenter immédiatement les planches propres à faire des étiquettes de pharmacie qui leur ont été commandées par Mr Ayot, pharmacien à Villefranche, et notamment les planches qui, lors d'une opération faite à la requête de MM. Vallet et Frère, avaient été

vues par Mrs Avioux et Mr Engler, desquels je suis assisté, et avaient, disaient ces Messieurs, une ressemblance frappante avec les étiquettes produites par M. Lamouroux.
Mr Brunet et le Contre-maître ont déclaré qu'ils étaient prêts à exhiber toutes les planches qui seraient demandées et en effet ils nous ont représenté les planches, le N°200, qui contenait, à ce qu'assurent le Commissaire de police et l'huissier Engler, une reproduction exacte des étiquettes contenant la signature de Mr Lamouroux que celui-ci a placée sur les bouchons de ses flacons, cette planche était effacée; le Contre-maître a reconnu qu'elle contenait précédemment une étiquette comme celle présentée par Mr Lamouroux avec la signature en travers; le N°211 également effacé; le N°229 étranger à Mr Lamouroux; le N°159 effacé et déjà représentant une autre gravure; le N°117, Étiquettes Lamouroux que Mr Brunet a reconnu avoir lithographiées avec la signature Lamouroux effacée; le N°3122, effacé; le N°2718 répété par 395, qui concernait un autre pharmacien, Labelouge, effacé, et portant une gravure étrangère, les N°1757, 643 et 1162, déclarés avoir été déjà saisis et être au greffe correctionnel; il a été impossible de rien trouver; les planches qui pouvaient concerner Mr Lamouroux étant toutes effacées, Mr Brunet a déclaré que cela s'était fait sans intention et parce que les petites planches sont plus souvent nécessaires que les grandes. Enfin, sur mon interpellation, il m'a montré ses livres où d'abord j'ai copié à l'Article Ayor de Villefranche le compte suivant.

Compte.

Année	Dates	N°s de command.ts	N°s des planches	Nature
1847.	Août 30	12,030	159	1200 Etiquettes pharmacie.
"	x.bre 8	12,092.	2,718 ou 3,122	1000 petites Etiquettes, Sirop Lamouroux formule d'Orvault ※
"	" "	" "	159	1000 Etiquettes Elixir anti-glaireux.
"	" "	12,903	408	1000 d° dites moyennes.
"	" "	" "	"	1000 d° dites en bandes.
1848	Janv.er 22	13,454	117	500 Etiquettes Lamouroux.
"	" "	" "	395	500 d° dites digitales.
"	Février 5	13,561	"	1000 Etiquettes digitales.
"	Avril 14	385	1757	1000 Etiquettes pharmacie N°1er.
"	" "	" "	211	" " " " N° 2.
"	" "	" 387	"	500 petites Etiquettes.
"	" "	" "	200	1000 Etiquettes bandes.
"	" "	" 389	"	1000 Prosp.us 1/4 carré in-80 4 pages, d°.
"	" "	" 470	1162	1000 Etiquettes pour paquets.
"	" "	" "	"	1/2 Rouleau papier tors pour enveloppes
"	" "	" 469	1757	1000 Etiquettes pour flacons
"	" "	" "	229	1000 id. Bandes pour flacon.

※ Nota. = Les deux mots formule d'Orvault paraissent avoir été mis tout récemment.

Ce qui est copié ci-dessus a été pris sur le livre N°15, commençant avec le Commerce Brunet fils et Honville; suivant la déclaration de Mr Brunet.

Sur les précédents livres qui étaient ceux du commerce Hce Brunet et Compie, toujours suivant la déclaration de Mr Brunet, notamment sur le livre N°13, on voit au compte avec Mr Ayot, pharmacien à Villefranche, commençant le 18 juin 1843 et finissant le 29 octobre 1844, contenant constatation de ventes de nombreuses étiquettes pour pharmacie, — ce premier termine par un article, 1000 Étiquettes sirop Lamouroux, et par un paiement fait au nom d'Ayot par Révol et Faure de Lyon. — Ce compte continue à la page 57 du même livre où on voit un compte de 7000 Étiquettes diverses, notamment de Sirops. — Ce dernier compte se termine le 20 mars 1845. — Sur le livre N° 14 qui suit et se trouve être celui à placer immédiatement avant celui où j'ai copié le compte ci-devant transcrit, on voit un compte commençant le 24 avril 1845 et finissant fin décembre 1846, qui contient bon nombre de factures d'impressions d'étiquettes ; on y voit des factures de 3000 et 4,500 étiquettes de sirops ; ce compte se termine par un article payé par Faure droguiste pour le compte d'Ayot de Villefranche.

Enfin M. Brunet nous a fait toutes les protestations possibles de sa bonne foi, nous assurant qu'il ignorait que ce fût au préjudice de M. Lamouroux qu'il avait imprimé des étiquettes de ses sirops ; que, dernièrement encore, M. Ayot lui avait présenté un dessin d'étiquette avec signature étrangère à la sienne et que M. Brunet avait refusé de faire tirer cela chez lui.

J'ai fait, au nom des requérants les réserves les plus expresses et toutes les protestations contraires, et notamment à raison des planches que M. le Commissaire de police Rioux et M. Engler m'assistant, avaient vues et touchées, lors de la première descente, et qui aujourd'hui, sont effacées ou disparues.

Et de ce qui précède j'ai rédigé ce procès-verbal qui, en temps utile, sera signifié à qui de droit.

Fait en présence de Louis Engler huissier, demeurant à Lyon et de Faustin Mariller, praticien demeurant à Lyon, rue de la Sphère; témoin qui avec Mr Rioux, Commissaire de Police et moi, ont signé après lecture.

Coût 18 fr.. outre déboursé; signé Foy, Engler, Marillier et Rioux.

Enregistré à Lyon, le 3 novembre 1848, reçu 2f 20d signé André.

24 Novembre 1848.
Interrogatoire Brunet.

Aujourd'hui 24 novembre 1848, — Pardevant nous, Juge d'instruction pour l'arrondissement de Lyon, avons procédé à l'interrogatoire de l'inculpé ci-après nommé, comme suit :

D. — Vos nom, prénoms, âge, état, profession et lieu de naissance ?

R. — Jean Guillaume Sastre, dit Brunet, âgé de 26 ans, imprimeur lithographe, dem.t à Lyon, grande rue Ste Catherine N° 11, né à Lyon.

D. — Avez-vous subi des condamnations ?

R. — Non, Monsieur.

D. — Vous êtes inculpé d'avoir contrefait des prospectus portant la signature et le cachet du Sr Vallès, docteur en médecine de Paris, inventeur des pilules ferrugineuses qui portent son nom, et d'avoir, par ce moyen, facilité le débit des pilules ferrugineuses contrefaites. Qu'avez-vous à répondre pour votre justification ?

R. — Nous n'avons jamais eu l'intention de faire ni de faciliter une contrefaçon. — Voilà ce qui arrive souvent : Les auteurs d'une invention ont, dans différentes villes des dépositaires ; ceux-ci, selon leurs besoins, nous commandent des prospectus, des étiquettes, &ca; ils nous en représentent une toute faite, qui nous sert de guide. C'est ainsi que Mr Ayot, pharmacien à Villefranche en a commandé

à notre maison, avant que M.ᵉʳ Étourille et moi soyons devenus
propriétaires; d'après les relevés des livres, il aurait commencé
à avoir des rapports avec la maison en juin 1843; nous n'en
sommes devenus propriétaires qu'en mars 1847; c'est dans
le fonds que se sont trouvées les pierres lithographiques
qui ont été saisies; c'est avec ces mêmes pierres que
nous avons tiré les exemplaires que M.ᵉʳ Ayot
nous a commandés dans le commencement de
cette année; nous les avons tirés dans l'intime
conviction que M.ᵉʳ Ayot avait le droit de les
faire faire.

D. — Cependant M.ᵉʳ Ayot, interrogé sur ce
point, a répondu que jamais il ne vous avait demandé
ni reçu de vous de ces prospectus et étiquettes, rela-
tifs aux pilules ferrugineuses de Vallet, comment
pourriez-vous l'établir?

R. — Nous l'établirons par le relevé du
compte de M.ᵉʳ Ayot sur nos livres et par sa corres-
pondance avec nous par la poste. Il nous adressait
parfois des bouts de billets par l'entremise de ses
correspondants à Lyon. — Je ne pense pas que
nous ayons conservé ceux-là. — La preuve que
nous avons agi de bonne foi et nullement avec
l'intention de faire une contre-façon; c'est que nous
avons inscrit sur nos livres l'énoncé des objets
que nous imprimions, ce que nous n'aurions pas
fait si nous eussions eu l'intention de nous prêter
à un acte coupable, et que d'ailleurs ces objets
ont été portés aux prix ordinaires; si on avait eu
une mauvaise intention, il est naturel de penser qu'on
aurait cherché à en tirer un plus fort avantage.

Lecture à lui faite dudit interrogatoire, il a
déclaré persister dans ses réponses et a signé. Sastre dit
Brunet, Fleury Dela, Juge d'Instᵗⁱᵒⁿ. Mᵉ Dié Gᵉᶠᶠᵉʳ.

29 Janvier 1849.
Interrogatoire Brunet.

Jean-Guillaume Sastre, âgé de 26 ans et demi, dit Brunet, l'un des associés de la société Brunet fils et Touville, imprimeur lithographe, grande rue Sainte Catherine, N° 11, né à Lyon, marié.

D. — Depuis quelle époque vous et votre prédécesseur livriez-vous à M⁰ˢ Ayot des étiquettes pour le sirop pectoral de Lamouroux et les pilules de Vallet

R. Depuis, je crois 1842; je ne puis affirmer l'époque précise; au surplus les comptes sont en ce moment je vais faire faire le relevé et que je vous transmettrai dans la journée suivant votre demande, vous donneront ces dates exactes. Comme ils n'étaient pas terminés au moment où je suis parti pour me rendre auprès de vous, je vous les adresserai aussitôt qu'ils seront terminés.

D. — Combien avez-vous tiré ou a-t-on tiré de ces feuilles d'étiquettes?

R. — Les comptes le diront. Le nombre déterminé dans le compte indique celui des étiquettes et non celui des feuilles. Dans le cas où il y aurait eu des livraisons par feuille, il en serait fait mention dans les comptes.

D. — Combien avez-vous ou a-t-on retiré de prospectus des pilules Vallet?

R. — Je ne puis m'en souvenir; les comptes l'établiront, si toutefois nous en avons imprimé.

D. — Parmi les étiquettes livrées à Ayot par M⁰ˢ Brunet père, il en est qui sont désignées sur ses livres sous le nom d'étiquettes à Sirop, N°ˢ 1, 2, 3, auxquels de ces numéros s'appliquent les étiquettes du Sirop Lamouroux?

R. — C'est ce qu'il m'est impossible de dire;

attendu que nous n'avons pas conservé ces désignations. Il
est possible que ces numéros différents s'appliquent à
ces étiquettes de pharmacie désignées à raison de la
différence de formats par ces numéros suivant leur
dimension.

D. — A diverses reprises, M. Lamouroux
a changé la forme et la rédaction de ses étiquettes.
Ces mêmes changements ont été suivis par la contrefaçon ?

R. — Je n'ai jamais opéré que sur un seul
modèle ; autant, toutefois que ma mémoire peut me
le rappeler. Au surplus, chaque fois qu'on établit
une planche nouvelle, le prix en est porté en dehors
sur le compte de celui des étiquettes. — Exemple : —
Lorsque le prix du cent est de 1 fr, celui de la planche
est ajouté à celui qui représente la quotité de la livraison, et sur le compte il est désigné à l'article
Confection de la planche.

D. — A quelle époque a été faite la planche
qui a été vue par MM. Riour et Engler ?

R. — Je ne l'ai pas présent à ma mémoire ;
pour tous ces détails, les comptes peuvent mieux
les donner que je ne pourrai le faire.

D. — Les planches précédentes portaient-
elles comme les nouvelles la signature Lamouroux,
ou bien cette signature n'était-elle apposée qu'après
coup hors de l'imprimerie.

R. — Je n'en sais rien.

D. Sur vos livres à la suite d'une livraison d'étiquettes sirop de Lamouroux, se trouvent
ces mots : Formule Dorvault, qui paraissent avoir
été mis après coup, ainsi que le reconnaissent MM.
Riour, Commissaire de police et Engler huissier

dans leur procès-verbal; dans quel but, et sur l'instigation de qui cette addition a-t-elle été faite?

R. — Je n'en sais rien; tout ce que je puis dire, c'est que, sur l'observation qui m'en fut faite par ces Messieurs, et ayant remarqué que ces mots étaient d'un autre genre d'écriture j'en demandai la cause au teneur de livres, qui m'assura ne pas l'avoir mis après coup, mais l'avoir fait d'un autre genre d'écriture, pour frapper l'attention; il est plus probable, au surplus, que cela n'a été fait que sur la demande de Mr Ayot, lorsqu'il fit sa commande. Par un autre genre d'écriture, j'entends une écriture moins penchée.

D. — Pourquoi avez-vous effacé les pierres représentant les étiquettes du sirop Lamouroux, lorsque Mr Fouville avait promis au représentant de Mr Frère et à diverses autres personnes de les représenter lorsqu'elles lui seraient demandées?

R. — J'ignore ce qui existait et ce qui s'est passé: j'étais malade à l'époque; je doute même que ces Messieurs aient pu voir des pierres portant des étiquettes de ce sirop. Il est très difficile, pour ne pas dire impossible à des personnes étrangères à la lithographie de reconnaître l'impression sur une pierre écrite à rebours et sale; au surplus, ce qui a été effacé l'aurait été sans mon ordre et sans celui de Fouville, par notre contremaître, qui aura cru nous rendre service.

D. — MM. Bruny fils et Chanel vous ont-ils payé des factures pour le compte du Sr Ayot?

R. — Oui, Monsieur, deux ou trois fois, en suite d'ordres donnés au bas des lettres qu'il nous écrivait.

D. — Leur avez-vous remis des étiquettes ou prospectus pour le compte d'Ayon ?

R. — Je ne me souviens pas qu'il en ait été remis cher eux, si nous leur en avons remis, ce n'a pu être qu'ensuite des ordres d'Ayon et sous enveloppe, pour être envoyé à Mr Ayon avec d'autres objets qu'ils avaient à lui expédier.

Plus n'a déposé.

14 Avril 1848.

Facture de Brunet Fouville à Ayon

Mr Ayon de Villefranche doit les articles ci après pour payer ici au Comptant, sans escompte.

Dates	Quantités	Nature des Objets	Prix	Sommes
Avril 14	1000	Étiquettes pharmacie N° 1er	1.{f} "	10.{f} " {c}
"	1000	id. id. N° 2	1. "	10. "
	500	Petites Étiquettes	1. "	5. "
	1000	Étiquettes-bandes	1. "	10. "
	1000	Prospectus 1/4 in-8° à pages, dont 1 compliquée en lithog{ie}	" "	42. "
	1000	Étiquettes pour paquets	1. "	10. "
	1	Essence pour des Chartreux	" "	1. 50
	1/2	Rame papier vert pour Enveloppes	" "	5. "
	1000	Étiquettes pour flacon	1. "	10. "
	1000	id. pour bandes	1. "	10. "
				113.{f} 50{c}
7{bre} 6	. . . .	Avoir reçu pour acompte de Mr Brunx		103. "
		Reste à solder		10. 50.

Certifié conforme à nos écritures
Signé Brunet fils et Fouville.

Lettres

Lettres de Ayon
à Brunet et Douville
déposées par ces derniers.

Villefranche, 18 avril 1845. — MM. MM. M... Brunet et Cie Lithographes à Lyon.

Ayez l'obligeance, à lettre vue, de me faire tirer 1000 Etiquettes conformes au modèle, de manière à ce que je puisse les faire prendre chez vous jeudi prochain. — Agréez mes dévouées salutations. — Signé Camille Ayon.

Villefranche, 27 9bre 1845. — MM. MM. Brunet et Cie à Lyon.

Ayez l'obligeance, à lettre vue, de me faire tirer 1000 Etiquettes No 1er, — 500 No 2, — 500 No 3. = Vous voudrez bien, sitôt fabrication, les faire remettre chez Mr Louis Faure, Droguiste, rue Lanterne No 9, qui me les fera tenir. Agréez mes salutations, signé Camille Ayon.

P.S. — Je vous ai adressé l'autre jour, Mr Lucar, mon beau-frère, pour différents articles; je vous engage à le bien traiter afin de ne pas me faire mentir et de vous acquérir un bon client.

Villefranche, 30 Xbre 1846. MM. MM. Brunet et Cie

Réglant mes comptes d'année, je trouve mon compte chez vous balançant en votre faveur 56f 50c que je vous couvre en mon règlement inclus de pareille somme au 10 janvier prochain; Veuillez m'en créditer, s'il vous plaît.

Je pense vous voir sous peu pour vous faire une nouvelle commande. —

Votre dévoué.
signé Camille Ayon

Relevé

Relevé
des Comptes Brunet et Fonville avec Ayon, de 1843 à 1848.

Années	Dates	Quantités	Nature des Commandes	Contre-épreuve de la planche	Prix	Totaux
			Relevé du Compte, Livre N.º 13.			
1843.	Juin 15.	1000	Feuilles Etiquettes, 1/4 Coquille		2.⁵ 50	25.ᵈ "
"	8ᵇʳᵉ 18	1000	Etiquettes Sirop sur papier		1. -	10. "
1844	J.ᵉʳ 16	1500	Prospectus		" "	15. "
"	" "	2	Gravures		" "	16. "
"	" "	1500	Etiquettes pharmacie générale		" 35	5. 25
"	" "	1500	d.º Graine de Santé		" 35	5. 25
"	8ᵇʳᵉ 29	1000	Etiquettes S.ʳ papier, Sirop Lamouroux & Dorvault		1. "	10. "
"	7ᵇʳᵉ 6	1000	d.º de Sirop Louisar à la date		1. 20	12. "
"	9ᵇʳᵉ 22	2000	d.º sur papier		" "	25. "
"	" "	1000	d.º d.º	10. "	à. "	10. "
1845	Mars 20	1000	d.º Sirop	10. "	1. "	20. "
"	" "	2000	d.º d.º		1. "	20. "
"	" "	1000	d.º d.º	10. "	1. "	20. "
"	avril 24	1000	d.º Sur papier			10. "
					F.....	203. 50
			Relevé du Livre N.º 14.			
1845	x.ᵇʳᵉ 7	1000	Etiquettes Sirop		1. "	10. "
"	" 16	1000	d.º d.º N.º 1		" "	10. "
"	" "	750	d.º d.º N.º 2		" "	7. 50
"	" "	500	d.º d.º N.º 3		" "	5. "
"	" 26	500	d.º d.º		" "	5. "
1846	J.ᵉʳ 6	600	d.º d.º 2 modèles		" "	6. "
"	" 27	500	Factures 1/2 Coquille	6. "	3. 25	22. 25
"	" "	500	d.º 1/4 d.º	" "	2. 25	11. 25
"	" "	1500	d.º 1/8 d.º		1. 80	9. "
"	J.ᵉᵗ 15	1000	Etiquettes S.ʳ papier		1. "	10 "
			à reporter			96.ᶠ 00

Années	Dates	Quantités	Nature des Commandes	Contrefait de la planche	Prix	Totaux
			Report			96.00
1846	Aout 25	600	Étiquettes Sirop N° 1er		1. "	6. "
"	" "	500	d° d° N° 2		" "	5. "
"	8bre 9	500	d° Élixir		" "	5. "
"	" 15	3000	d° Sirop		" "	30 "
"	" 29	4500	d° d°		" "	45 "
			F.....			187. "

Relevé du Compte Ayoz, Livre N° 15.

Années	Dates	Quantités	Nature des Commandes	Contrefait de la planche	Prix	Totaux
1847	Aout 30	1200	Étiquettes de pharmacie		1. "	12. "
"	Xbre 8	1000	Ptes Étiqtes Sirop Lamouroux (formule Dorvault)		1. "	10. "
"	" "	1000	Étiquettes Élixir anti-glaireux d°		1. "	10. "
"	" "	1000	d° moyennes d°	6. "	1. "	16. "
"	" "	1000	d° En bandes	3. "	1. "	13. "
1848	Jer 22	500	d° Lamouroux d°	4. "	1. "	5. "
"	" "	500	d° Digitale		1. "	5. "
"	Fer 5	1000	d° d°		1. "	10. "
"	Avril 14	1000	d° Pharmacie N° 1er		1. "	10. "
"	" "	1000	d° d° N° 2		1. "	10. "
"	" "	500	Petites Étiquettes		1. "	5. "
"	" "	1000	Étiquettes bandes		1. "	10. "
"	" "	1000	Prospectus 1/4 carré in-8, 4 p. d° une comp en lithe		" "	42
"	" "	1000	Étiquettes pour paquets		" "	10. "
"	" "	1	Épreuve pont des Chartreux		" "	1. 50
"	" "	1/2	Rame papier vert pour envelopper		" "	5. "
"	" "	1000	Étiquettes pour flacons		1 "	30. "
"	" "	1000	d° Bandes		1. "	10 "
			F.....			194. 50

Certifié conforme à nos Écritures.

Signé Brunet-fils et Fonville.

Relevé du Compte de 1848
de Brunet fils et Fouville avec Bruny et Chanel.

48, Mai 22. 1111 Étiquettes pharm.ies bleues à div. Nos 3, 4, 5, Bronzées or à 14.f "		—	62.f 15.c
Juin 13. 300 d° d° Sirop anti-phlogistique et fortifiant " 1 "		—	3. "
Juillet 20 7 d° d° Petit format papier bleu, acier doré " "		—	1. "
9bre 13 115 g.mes Encre d'Impression ___________ " "		—	1. 30.
		F.	67.f 45.c

Bruny fils ainé et Chanel.

1848, 13 8bre.

Requête et ordon.ce   Cette requête et ordonnance sont les mêmes que
pour perquiser.   celles qui se trouvent à la page 63, par lesquelles on
demande et l'on est autorisé à perquiser chez Brunet
et Fouville.

Réquisition Engles,   Ce jourd'hui, 13 octobre 1848, à même requête,
saisie de la Caisse   qualité, domicile, élection de domicile et constitution d'avoué
de 125 flacons.   qu'il est dit en la requête qui précède,

     Et en vertu de l'ordonnance sous cette requête a
été répondue, ce jourd'hui par Me Français, faisant fonction
du Président du Tribunal civil de Lyon, enregistrée de suite
par le receveur d'Astier, qui a perçu 3 30.c

     Je, Meichel Louis Engler, huissier reçu par
le Tribunal civil de Lyon, y demeurant, rue St Jean, No 8,
soussigné, commis à l'effet des présentes par l'ordonnance
rappelée,

     Certifie m'être transporté avec deux témoins sur
le quai de la Révolution à Lyon, où, sur la désignation
qui en a été faite par le représentant des requérants, j'ai,
en exécution de ladite ordonnance, saisi une caisse trouvée
dans les mains du Sr Jean Casset, commissionnaire,
demeurant à Lyon Place St Paul No 5, au 4ème, ainsi

déclaré, et portée par lui; ce Sr Casset a déclaré tenir cette
caisse d'un … Sieur Suchet fils qui la lui a fait
prendre dans la cave de la maison rue de Sussieu, 22;
cave dépendant du domicile d'un Sr Georges qui demeure
dans la maison susdite rue de Sussieu, 22.

Sur la caisse on voit une adresse manuscrite
portant les mots: MM. Bruny et Chanel droguistes
rue Lanterne à Lyon à l'intérieur on voit une autre
carte portant les mots imprimés Bruny fils aîné et
Chanel, Lyon, rue Lanterne 15, droguerie médicinale,
pharmacie, bandages; et puis, en manuscrit, le 2 août
1848, Me Ayoz, pharmacien à Villefranche, remis à ….. de…

De quoi il apparaît que cette caisse avait
d'abord été envoyée à Me Ayoz de Villefranche par
MM. Bruny aîné et Chanel à Lyon, avec des préparations pharmaceutiques et qu'ensuite Me Ayoz, devant
rendre ou payer l'emballage, comme cela se pratique,
aurait profité du retour de ce même déballage pour
adresser à MM Bruny et Chanel des pilules de sa
fabrication, j'ai paraphé et signé ces deux cartes, et
les ai placées dans la caisse.

Ayant ouvert entièrement la caisse et sorti
la paille, j'ai constaté qu'il s'y trouvait cent vingt
cinq flacons de forme cylindrique enveloppés d'un papier
couleur vert pâle, ayant à chacune de leurs extrémités
un cachet en cire d'Espagne rouge, l'un portant les
mots Vallet, inventeur à Paris, l'autre L. Frère,
dépositaire général. Leur enveloppe est recouverte d'une
étiquette sur laquelle on lit ce qui suit: « Pilules de
« carbonate ferreux inaltérable de Vallet, approuvées
« par l'académie royale de médecine. D'après le rapport
« fait à l'académie, cette préparation est la seule dans la-
« quelle le carbonate ferreux est inaltérable; aussi
« les médecins lui donnent-ils la préférence; dans tous

« ler car où les ferrugineux doivent être employés. Ces pilules
« ne se vendent qu'en flacon portant la signature ci-contre)
« et les cachets de Vallet inventeur, et L. Frère dépositaire)
« général ». Puis on voit la signature Vallet; ensuite on lit
« encore: « Dépôt rue Caumartin N°45, à Paris, et dans
« toutes les villes de France et de l'étranger. 3.te flacon. =
« La Cour de Cassation, par arrêt du 6 août 1842 a consacré
« la légalité de la vente des pilules de Vallet. »

Ayant décacheté l'enveloppe, il s'est trouvé un prospectus que j'ai paraphé et signé pour rester annexé à mon présent procès-verbal; le flacon est en verre bleu. A l'une de ses extrémités se trouve un bouchon en liège sur lequel est un morceau de papier blanc collé, portant ces mots: Vallet inventeur. Une autre étiquette est aussi collée au flacon; elle est conforme à celle collée sur l'enveloppe; seulement, au bas, au lieu des mots La Cour de Cassation, etc. il se trouve les suivants:
« Les pilules de Vallet s'emploient principalement pour
« guérir les pâles couleurs, les pertes blanches et for-
« tifier les tempéraments faibles.

Ensuite, je me suis transporté, toujours assisté de M. le Commissaire de Police dans les magasins de MM. Bruny fils aîné et Chanel, négociants droguistes demeurt à Lyon, rue Lanterne, 15, où étant et parlant à l'un d'eux, je lui ai fait sommation d'avoir immédiatement à me représenter tous les flacons de pilules de Vallet qu'ils pourraient avoir dans leur magasin et entrepôt, lui exhibant les requête et ordonnance dont je suis porteur, lui déclarant que, dans le cas où ils ne me représente- raient par toutes les pilules dont ils pouvaient être détenteurs, je me verrais forcé de, avec l'assistance de M. le Commissaire de police, perquiser dans leur

magasin, domicile et dépendances pour y saisir ce qui serait
contrefaçon des vraies pilules du docteur Vallet.

Il m'a été répondu que jamais la maison Bruny
Chanel et Compie n'avait vendu des pilules Vallet autres
que celles véritables; que n'en ayant pas le débit, ils
s'en pourvoyaient dans les dépôts à Lyon, soit chez
Mrs Vernet, soit surtout chez Mrs André; que cette année,
ils ont commandé directement à Mrs Frère une caisse
de 125 flacons qu'ils sont prêts à me représenter ce qui
leur reste de cette marchandise et qu'ils peuvent affirmer
n'en avoir jamais reçu du Sr Ayor pharmacien, auquel
ils vendent, mais duquel ils n'achètent jamais.

Les ayant invités à m'expliquer comment il
a pu se faire que j'aie saisi une caisse à leur adresse
contenant des flacons contrefaits, ils m'ont répondu
qu'ils l'ignoraient et qu'ils étaient prêts de montrer
à qui il appartiendrait leurs écritures, copies de
lettres, &c pour justifier que jamais ils n'ont acquis
ou commandé au Sr Ayor aucune marchandise de cette
nature.

Et puis ils m'ont montré une petite caisse
en bois et une autre très petite boîte qui étaient à
peu près pleines de flacons de pilules de Vallet,
expédiées par Mrs Frère, d'où il résulte que si Mrs
Bruny et Chanel n'en vendent pas d'autres que
celles fournies par Mrs Frère, ils en ont un débit
à peu près nul, puisque cet envoi daterait de quelques mois.

N'étant pas pourvu de renseignements suf-
fisants, et les magasins de ces Messieurs étant
d'une grande importance, garnis de toutes sortes de
marchandises diverses, il m'aurait été impossible, à
moins d'y consacrer des jours nombreux, de faire

une perquisition complète, et d'ailleurs, pendant cette perquisition, il ne serait pas difficile de faire disparaître une caisse de pilules contrefaites, si aucune existait.

Je me suis donc borné à constater les dires qui précèdent pour que les requérants puissent faire les recherches et constatations convenables à leurs intérêts.

Et sous les réserves les plus expresses des requérants de faire toutes autres perquisitions et constatations, j'ai rédigé le présent procès verbal.

Suivent les signatures.

1848, 6 9bre.
Saisie Bary
à Avignon.
Sirop de Lamouroux

L'an 1848, et le 6 Novembre, à une heure de l'après midi,

Devant nous, Auguste Odin, Commissaire de police de la ville d'Avignon, et à notre cabinet s'est présenté Mr Hunout, pharmacien à Paris, marché aux Poirées, N° 11, lequel nous a porté la plainte qui suit.

Représentant et associé de la maison Lamouroux et Compie pharmacien, également à Paris, et agissant en outre comme fondé de pouvoir de Mr Labelonye, aussi pharmacien à Paris, à l'effet de poursuivre pour lui et en son nom les contrefacteurs des étiquettes et adresses placées sur les bouteilles des sirops de digitale, et enfin pour moi et ma maison, les contre-façons du sirop Lamouroux. Sachant que les pharmaciens d'Avignon et Mr Comte, droguiste de cette ville vendent de ces sirops sous les marques commerciales sous contrefaites, je viens vous porter plainte pour que, visite faite chez les dits pharmaciens et chez le susdit Mr Comte, vous saisissiez toutes les bouteilles portant les marques contrefaites que nous trouverons chez eux.

Nous, Auguste Odin, Commissaire de police, par suite de la présente plainte, nous nous sommes transporté chez Mr Cassin, Hyppolite, pharmacien, accompagné du plaignant, où étant ensuite la demande faite par Mr Humout du sirop Lamouroux, Mr Bary, élève en pharmacie chez le dit Mr Cassin, nous a donné une demi bouteille portant sur le goulot une griffe contrefaite, et sur le milieu de la bouteille, une étiquette ancienne et fraichement placée que Mr Bary a déclaré être allé acheter chez Mr Conte, droguiste, rue des marchands. Ayant saisi la dite bouteille, nous avons rédigé acte de cette saisie et de la déclaration de Mr Bary, et avons signé ainsi que M M Humout et Bary.

Poursuivant les recherches, et sur une nouvelle demande de Mr Humout, relative au sirop de Digitale de Mr Labélonye, Mr Bary a présenté au dit Humout, une demi bouteille fermée par une capsule dont la première empreinte a été effacée, et ne portant pas le timbre de Dupré, et portant sur le milieu de la bouteille une étiquette au nom de Mr Labélonye que le plaignant nous a dit être de contrefaçon.

En conséquence, nous avons saisi cette nouvelle bouteille et avons rédigé procès verbal de cette saisie que nous avons signé, ainsi que M M Humout et Bary, après que lecture leur en a été faite.

Saisie Conte, à Avignon.
Sirop de Lamouroux.

Le même jour, 6 Novembre 1848.

Nous étant transporté chez Mr Conte, accompagné de Mr Humout, à l'effet de saisir les sirops dits Lamouroux, vendus en contrefaçon par ce dernier, aux pharmaciens d'Avignon, nous avons demandé à Mr Conte, une bouteille du sirop sus indiqué. à cette demande, Mr Conte nous a présenté une demi bouteille fermée par une bande portant la signature de M. Lamouroux, et sur le ventre une étiquette qu'on y a placée en notre présence. — Enfin sur la demande des étiquettes des bouteilles qu'il vendait et qu'il plaçait sur les verres, au fur et à mesure qu'il les livrait, M. Conte, Camille, frère du droguiste, nous a présenté une trentaine d'étiquettes, six grandes et vingt-quatre petites, dont deux portaient la signature de la maison Lamouroux, et sur la déclaration de M. Hunout que bandes et étiquettes étaient fausses, nous les avons saisies ainsi que la bouteille sus-indiquée, et avons demandé à M. Conte d'où lui venaient les sirops qu'il avait vendus jusqu'à ce jour et dont nous venions de saisir une bouteille. M. Conte a déclaré que cette marchandise lui avait été expédiée, ainsi que les étiquettes, par la maison Revol et Faure, droguistes à Lyon, ainsi qu'il le justifiera par l'exhibition de sa facture, qu'il nous remettra pour être jointe au présent procès verbal.

<table>
<tr><td>

Lettre du Commissaire
de Police d'Avignon, sur
la saisie Conte.

</td><td>

Avignon, le 11 Février 1849.

Monsieur,

Si je n'ai pas répondu à votre honorée du 2 courant, ce n'a été que parce qu'une assez grave indisposition m'a retenu au lit quelques jours ; cependant, quoiqu'alité, j'ai fait venir chez moi M. Conte, qui m'avait remis en échange de la promesse que je lui ai faite, de la lui remettre, la facture du négociant qui lui avait expédié ces sirops ; je vous envoie donc cette facture, à condition que vous me la renverrez afin que j'accomplisse la promesse faite par moi au droguiste Conte. Je crois inutile, Monsieur, de rédiger procès-verbal de cette remise, la facture d'une part, ma lettre d'une autre, vous tiendront lieu, je pense de cet acte. —— Agréez &c. —— Le Commissaire de Police, signé Odin aîné.

</td></tr>
</table>

Facture
Bruny à Conte.
____

80.

M. H. Conte, droguiste

Doit à Bruny fils aîné & Chanel, les marchandises
ci-après à lui expédiées le 19 février 1848.

C. E. 1793.								
		50 ½ B. Sirop pectoral ______________				1, —	50.	"
		50. ½. B D, anti-scorbutique ______________				1, —	5 à.	"
	6.	" Onguent mercuriel double, Po.. " 50.			9,50	57.	"
	1 .	Gomme Adraganthe pilée N.º 2 — " "			14, —	14.	"
Brun	76.	. Tare K. 20.						
"	76.	" " 21.						
Brun	156.	} Tare 41.						
Neu	41.	} Neu. 115 Alcali volatil 2 bonnes 7 — 78 —			83,	95.	
		Caisses. — 3 — . —			10,	50.	
		T. —				265,	45.	

Ne varietur: Vu par nous Commissaire
de Police, le 5 Janvier 1849. Odin. Auguste. (Signé)

Lyon, le 19 Février 1848.

Nous avons l'honneur de vous remettre
ci-contre, facture s'élevant à la somme de 265 f 45. c
dont vous voudrez bien nous créditer.

Signé: Bruny & Chanel.

P. S. Nous avons reçu ce matin votre irritée
écrite, réclamant votre commission : En voici facture,
apaisez-vous ; nous n'avons pu faire mieux ; nous
manquions de Sirops. Bouchard nous ayant mis en
retard à cause de l'importance de ce vendal ; pour
l'avenir, demandez un peu à l'avance.
.... inutile. ___

1848. — 14 Xbre

aisie Lioral à Rive-de-Gier.
Sirop de Lamouroux.

L'an 1848, et le 14 Xbre, à 10 heures du matin,
Devant nous, Jean Raynaud, Commissaire de police
de la ville de Rive-de-Gier (Loire).

S'est présenté le Sr Hamou, pharmacien,
demeurant à Paris, représentant et associé de la maison
Pierre Lamouroux, lequel nous a requis de l'accompagner
chez Mr Jules Lioral, pharmacien, rue St Jean N° 2,
de cette ville, à l'effet de saisir et mettre sous la main
de la Justice, les marques commerciales fausses, servant à la vente du sirop pectoral de Lamouroux.

Obtempérant à cette réquisition, nous Commissaire
de police, nous sommes transporté, accompagné de
Mr Hamou, chez Mr Jules Lioral, là, Mr Hamou
présente à ce Dernier un flacon de sirop de Lamouroux
acheté la veille dans sa pharmacie, pour la somme
de deux francs ; après lui avoir demandé si c'était
bien là le même flacon, il a déclaré que Oui, et bien le
reconnaître pour sortir de sa pharmacie.

Et à l'instant, Mr Hamou a reconnu faux,
d'après la déclaration qui nous a été faite, le flacon du
dit sirop pectoral de Lamouroux portant un cachet
en verre, bouché avec de la cire rouge, ayant deux étiquettes,
l'une paraissant ancienne placée sur le bouchon, et
l'autre nouvellement placée, il y a peu de jours, par
le dit Sr Lioral.

Questionné par nous sur l'origine de ce
flacon, Mr Lioral nous a déclaré, qu'il y a trois mois
environ, un voyageur de la maison Bruny fils et
Chanel, droguiste à Lyon, rue Lanterne, vint lui offrir
de ce sirop et qu'ayant accepté d'en recevoir 6 flacons à 1f 25c
l'un, quelques jours après ils lui furent expédiés à la pharmacie

par la maison Bruny fils et Chatel, sans facture. le tout payé au comptant. Et Mr Liorat déclare aussi, que dans cet envoi, il y avait six étiquettes et six prospectus, portant les mots ci-après : Sirop pectoral, P. Lamoureux. Pharmacien, rue Marché aux Poirier 11. à la halle. Paris. — Avec la signature de Mr P. Lamoureux & Cie. — Les prospectus servant à envelopper les flacons, portant en tête, les mots ci-après : Emploi médical du sirop de Lamoureux, extrait de la Gazette des hôpitaux de Paris, du 2 Janvier 1840.

M. Liorat, questionné de nouveau, a déclaré qu'il avait encore deux flacons de ce même sirop, qu'il nous a présentés à l'instant et qui ont été reconnus par Mr Munoux, pour être faux et semblables à celui ci-dessus désigné.

Nous avons saisi le premier flacon de sirop pectoral de Lamoureux, reconnu par Mr Munoux, comme contrefaçon ainsi que les deux autres semblables au premier que vient de nous remettre à l'instant le Sr Liorat, qui ont été reconnus aussi par le Sr Munoux, comme contrefaçon.

Nous avons également saisi deux prospectus portant l'inscription ci-dessus établie.

Avant de clore le présent procès verbal, M. Liorat a déclaré qu'il ignorait que ce sirop fut de contrefaçon.

Les trois flacons et les deux prospectus dont il est question, ont été scellés de notre sceau, pour être remis en temps opportun à Mr le Procureur de la République.

De tout ce qui précède, nous avons dressé le présent procès verbal, les jour, mois et an susdits, à la pharmacie du Sr Liorat, et après lecture ; M. Liorat et Mr Munoux ont signé avec nous, Commissaire de Police.

Enregistré à Rive de Gier le 14 Xbre 1848 f. 124 R. C° 9. reçu 2.f 20

Signé : Roche.

1848. — 8 N°°bre
...sie Vanet, à Valence.
Sirop de Lamouroux.

L'an 1848, le 8 Novembre.
Devant nous, N. Christophe, commissaire
de police de Valence.

S'est présenté M. Hunour, Louis Pierre Eugène,
Pharmacien, demeurant à Paris, rue du marché aux poirées,
associé et représentant de la maison P. Lamouroux
et Compie pharmacien à Paris; lequel, après avoir exhibé
son acte d'association, nous a requis de l'accompagner
chez les pharmaciens de cette ville, à l'effet de saisir
et mettre sous la main de justice les marques commerciales
fausses, servant à la vente du sirop pectoral de Lamouroux.

Obtempérant à cette réquisition, nous, Commissaire
de police susdit, nous sommes transporté, accompagné
de M. Hunour, chez plusieurs pharmaciens, et ensuite
chez M. Vanex, aussi pharmacien, rue Ste Marie, où nous
avons demandé un flacon de sirop pectoral de Lamouroux;
ce pharmacien nous en a remis un portant un cachet
en verre, bouché avec du goudron rouge, ayant deux
étiquettes, l'une nouvelle et l'autre ancienne que M.
Hunour a reconnues fausses.

Questionné par nous, sur l'origine de ce
flacon, M. Vanex nous a déclaré qu'il le tenait de MM.
Bruny fils et Chanel, pharmacien-Droguiste, rue de
l'Enfant qui pisse, à Lyon, desquels il avait reçu en deux
fois, douze flacons;

Nous nous sommes assuré par le livre de
demande de M. Vanex, que les flacons portés sur les
factures de MM. Bruny et Chanel, portant seulement
Sirop pectoral, étaient les mêmes que ceux commandés
par ce pharmacien pour sirop pectoral de Lamouroux;

au prix de 1 f.º 10 ºⁱ.

M. Panet nous a déclaré n'avoir reçu de ce sirop
que par MM. Bruny & Chanel ; il nous a remis une
facture de MM. Julien et Gros, droguistes à Lyon, sur laquelle se trouvent portés des flacons du Sirop pectoral de
Lamouroux, au prix de 1 f. 20.º mais comme cet envoi
n'était pas à sa convenance, il a déclaré l'avoir refusé.

Nous avons saisi le flacon de Sirop pectoral de
Lamouroux, reconnu par M. Humann comme contrefaçon
ainsi qu'une facture de la maison Bruny & Chanel,
sous la date du 9 Mars 1848, une facture Julien & Gros
sous la date du 14 7bre 1848, (Envoi refusé) et une lettre
de ce dernier, sous la date du 20 7bre Le tout à nous
remis par M. Panet qui nous a déclaré de nouveau
qu'il ignorait complétement qu'il y eût contrefaçon.

Le flacon et les trois pièces dont il est question
ont été scellés de notre sceau pour être remis en temps
opportun à M.º le Procureur de la République.

De tout ce qui précède, nous avons dressé
procès verbal, et avons signé, ainsi que MM.ʳˢ Humann
et Panet, après lecture faite.

L'original est dans les mains de M.ʳ le
Procureur de la République de Valence.

L'an 1848, et le 27 Décembre.

Devant nous, Commissaire de Police de la
ville de Valence, s'est présenté M. Henri Corchon,
propriétaire, demeurant à Paris, rue Jacob. N.º 19. fondé
de pouvoir de Louis Réné Frère et Vallet de Paris,
lequel nous a requis de l'accompagner chez les pharmⁱᵉⁿˢ
de cette ville, à l'effet de saisir et mettre sous les mains
de la Justice, les marques commerciales fausses servant

à la vente des pilules de Carbonate ferreux inaltérable de Valler.

Obtempérant à cette réquisition, nous commissaire de police, sus-dit, nous sommes transporté accompagné de M. Corchon, chez M. Vanen, pharmacien, rue Ste Marie, où nous avons demandé un flacon de pilules de Valler. Ce pharmacien nous en a remis un dont l'étiquette a été reconnue fausse par M. Corchon.

Questionné par nous sur l'origine de ce flacon, M. Vanen nous a déclaré que lorsqu'il avait acheté la pharmacie de M. Quinson-Bonner, il en avait trouvé trois ou quatre, et que depuis cette époque, il en avait reçu six de la maison Bruny fils & Chanel, Droguistes à Lyon; que celui saisi, ainsi que trois autres qu'il nous a remis, devaient provenir de cette maison. M. Vanen nous a déclaré n'avoir reçu des pilules de Valler que par MM. Bruny et Chanel, et il nous a remis une facture de cette maison, sous la date du 26 Juillet 1848, sur laquelle se trouvent portés au prix de 1 f. 50 c. six flacons de pilules ferrées.

Les quatre flacons saisis ont été payés à M. Vanen au prix de facture par M. Corchon qui se réserve d'en réclamer le montant à qui de droit en qui en a gardé un flacon.

La facture et trois des flacons saisis, seront remis par nous, avec le présent procès-verbal, à M. le Procureur de la République de cet arrondissement qui ordonnera telles poursuites que de raison.

De ce qui précède, nous avons dressé le présent procès verbal que nous avons signé avec M. Corchon, qui, sur sa demande en a reçu une copie. Signé: henri Corchon.— Christophe.

Facture Bruny à Vanet.

86.

V. 63.   Lyon, le 26 Juillet 1848.

Kil.	Gram.	Désignation	Vases	fr	c	fr	c
,	,	2 Clysoléides ord.ᵉ		8,	25.	16,	50.
,	,	24 bouts de rechange, gomme.		2.	"	4.	"
,	"	12 Bandages J.E. ord.ᵉ D & G		.	"	11	,
,	,	3 d.° ombilicaux		15.	"	3,	75.
4.	"	Acide tartrique		3,	50.	14.	,
2	"	Bi Carbonate de Soude		1.	"	2.	"
"	500.	Pastilles de Manne		6.	"	3.	,
1	"	Pastilles d'Ipéka		"	"	4,	25.
"	"	12 Plaques à cautère, gomme moy.		"	"	6.	50.
"	,	6 ½ bout. sirop de digitale de Labélonye		2,	30.	13.	80.
2.	740.	Huile de Ricin de France — 3 B	60.	2.	60.	7.	10.
3.	500.	Alcali volatil — 4 B	80.	"	90.	3,	15.
"	"	1.000 Poir d'Irie N.° 3		"	"	3.	,
"	"	1.600 " N.° 5. 6. 8.		3,	50.	5.	60.
10.	"	Sel d'Epsum		"	30.	3.	,
"	"	.400 Poir d'Irie N.° 12.		6.	"	2.	40.
"	,	6 ½ Bout. élixir de Garus		1,	30.	7.	80.
X "	"	6 Flacons pilules ferrées		1,	50.	9.	,
		Caisse — 2.		"	"	3,	40.
					T.	**123.**	**25.**

Ne Varietur. Valence, le 27 X.bre 1848.

Le Commissaire de Police, signé : Christophe . Henri Corch...

Le Juge d'Instruction .

Signé : Desgrange...

1ᵉʳ Février 1849.

Déposition Vanet.

Ce jourd'hui, 1ᵉʳ Février 1849.

Nous, Juge d'instruction du Tribunal Civil de Valence, avons reçu la déposition du témoin ci-après nommé, comme suit :

Auguste Vaner, âgé de 29 ans, pharmacien domicilié à Valence, dépose:

« J'ai succédé à M. Calixte Bonnet, pharmacien,
« au mois d'Octobre 1847. Dans le courant de l'année
« dernière, un voyageur de la maison Brun & Chanel,
« de Lyon, me proposa de m'envoyer quelques flacons
« de pilules ferrées de Vallet. Il y en avait, dans ma
« pharmacie, encore quelques flacons que mon prédécesseur
« avait fait venir, je ne sais d'où, car je n'ai pas trouvé
« de facture. Il fut convenu que le voyageur m'en enverrait
« une demi douzaine, je les ai reçu, ainsi que cela résulte
« d'une facture qui a été laissée chez moi par le Commissaire
« de police. »

Nous représentons cette facture au témoin, il
l'a reconnue et n'a pu la signer, n'ayant pas la
libre disposition de sa main droite, atteinte d'une
affection momentanée; la facture a été signée par
nous, Juge d'instruction; nous avons également
mis notre signature sur un paquet contenant trois
flacons saisis par le Commissaire de police chez
le témoin.

« Les nouveaux flacons furent mis dans la
« même case, de sorte que je ne puis dire si ceux qui
« ont été saisis chez moi, sont des anciens ou des
« nouveaux... »

Lecture faite, il a persisté dans sa déposition et
a signé.

L'an 1849. le 19 Décembre
Nous, Commissaire de police de la Ville
d'Aix.............................

Nous sommes présentés chez le S.r Laborie aut.re Pharmacien, âgé de 30 ans, rue des Cordeliers où nous avons trouvé également douze boîtes de pâte de Regnauld, ainsi que deux flacons de pilules de Vallet, dont le S.r Corchon lui en a acheté deux, au prix de 1 f. 10.c chaque, et deux flacons de pilules au prix de 2 f. qu'il lui a payés en notre présence, dont un de chaque restera au greffe, les deux autres entre les mains du dit S.r Corchon, revêtues de notre sceau et de notre signature. Le dit S.r Laborie, interpellé de nouveau, s'il ne pourrait nous présenter le nom du commis voyageur ou la facture de la maison qui a pu les lui fournir, il nous a présenté une facture de Th.s Roumieu, de Marseille, en date du 23 Octobre dernier dont les boîtes lui sont livrées au prix de 1 f.c en quant aux pilules, il ne peut se rappeler d'où il les a achetées, attendu qu'elles étaient confondues avec de véritables.

Lesquelles boîtes et flacons resteront, savoir une boîte et un flacon déposés au greffe du Tribunal de première instance, et les autres, entre les mains du dit S.r Corchon, aussi revêtues de notre sceau et de notre signature.

....

Signé; Achard.

1849. — 27 Janvier
Commission rogatoire
pour interroger Laborie.

Nous Fleury Dela, Juge d'instruction au Tribunal de 1.re Instance de Lyon (Rhône);

Vu la procédure en instruction contre le S.r Ayon, pharmacien à Villefranche, inculpé de contre façon de pilules Vallet, du sirop de Lamouroux et des étiquettes et prospectus servant à désigner dans le commerce ces diverses préparations pharmaceutiques;

Commettons rogatoirement M. le Juge d'instruction, pour l'arrondissement d'Aix (Bouches du Rhône),
à l'effet de faire citer à comparaître devant lui et d'entendre
sa déposition le Sr Laborie, pharmacien à Aix, sur le
point de savoir, si le 20 Décembre dernier, une saisie
n'a point été opérée chez lui, de pilules de Vallet,
qu'on prétendait être contrefaites ?

Quelles sont les maisons de Droguerie qui lui
avaient expédié ces pilules ? (Il a dû en avoir acheté
chez deux Droguistes).

S'il pourrait représenter les Différentes factures
de ces maisons, et dans ce cas, les Déposer.

S'il n'en a pas acheté de la maison Bruny
fils et Chanel ?

Sous quelle dénomination lui ont-elles été facturées,
soit flacons de pilules de Vallet, soit flacons de pilules
ferrées, soit enfin flacons de pilules ferrugineuses ou
tout autre analogue ?

A quel prix ont-elles été facturées par la
maison Bruny fils ainé et Chanel ou par les
autres maisons ?

M. le Juge d'instruction aura la complaisance
de parapher ces factures et de les joindre à la déposition
du Sr Laborie,

Il est prié également de se faire remettre et de nous
faire parvenir le procès verbal de saisie des flacons et
des pilules de Vallet, dressé par le Commissaire de
police, M. Achard, ainsi que les flacons qui ont
été saisis.

Pour être ensuite procédé et statué ce qu'il appartiendra.

Lyon, le 27 Janvier 1849. Signé: Fleury Dela.—

L'an 1849, et le 14 février

Pardevant nous, Juge d'instruction près le Tribunal d'Aix, en notre Cabinet, au Palais de Justice, et en exécution de la commission de Mr le Juge d'instruction de Lyon.

A comparu Antoine Laborie, âgé de 30 ans, pharmacien à Aix, rue des Cordeliers, lequel a déposé ce qui suit :

« Le 20 Décembre, une saisie a été faite chez « moi par le Commissaire de police de cette ville. Il était « accompagné d'un délégué de la maison poursuivant « la contrefaçon des pilules Valler, il fut trouvé dans ma « pharmacie deux flacons de pilules que cet individu « reconnut contrefaites. Ils me furent payés par ce « dernier individu. Ces flacons m'avaient été expédiés « par Bruny fils aîné & Chanel, Droguistes à Lyon. « Je vous présente une facture, du 16 février dernier, de « laquelle il résulte que j'avais pris à cette époque, dans « cette maison, six flacons de pilules ferrées au prix de « un franc 50°. Je n'ai reçu d'aucun autre Droguiste de « flacons semblables. J'en ai bien d'autres, mais qui « sont des flacons de pilules réelles et qui ont été pris « ou chez Menier à Paris, ou chez Clapier à Marseille « place aux œufs, je n'ai pas d'autre facture de Lyon à « vous montrer.

« A l'époque de la saisie on prit également chez « moi, des boîtes de pâte de Regnault ; je présentai « une facture de Philippe Roumien, de Marseille, à la « date du 23 Octobre dernier, maison qui m'avait débité « ces boîtes, je ne sais si je l'ai encore chez moi, je « pourrai le vérifier. »

Le Sr Laborie étant allé chez lui, nous a dit, en retournant que ses recherches avaient été inutiles, et qu'il présumait que cette facture ayant été distraite à l'époque de la saisie, elle avait dû s'égarer.

Sur notre réquisition, le témoin a paraphé avec nous et le greffier, la facture Bruny et Chanel, que nous avons déclaré saisie pour être jointe à la procédure.

Lecture faite au témoin de sa déposition, il a déclaré persister et a signé avec nous et le greffier.

Signé : Laborie, A. Bouteille, Maître.

Doit Mr Laborie, Pharmacien à Aix,
à Bruny fils aîné & Chanel,

Les marchandises ci-après, à lui expédiées le 16 Février 1848.

Facture Bruny fils aîné et Chanel à Laborie.

L. 1706. Kil. Gram.

Qté	Kil. Gram	Désignation		F.	C.	F.	C.
"	"	12 1/2 B. Elixir de Garus		1.	50.	18.	"
"	"	12 Bandages piqués brodés, pelote à bourrelets		"	"	28	"
2	"	Réglisse F. Gr. à l'anis		4.	"	8.	"
2	"	Réglisse " à la violette		4.	"	8.	"
"	"	6 Bandages doubles, brisés brodés à bourrelets		40.	"	20.	"
"	"	24 Bandages simples ord. B. et G.		16.	"	32.	"
"	"	6 Bandages doubles, brisés, ord. P. h.		30.	"	15	"
"	"	6 Bandages simples en basane " B. et h.		24.	"	12	"
"	"	4 Pessaires ivoire moyen		"	"	pour	"
"	"	2 Pessaires G. El. à Bondon		12.	"	2.	"
"	"	2 Bouts de Sein Barbo		1 l'un		2.	"
"	"	2 Téterelles de M. Monder		"	"	pour	"
"	"	6 Suspensoirs pour cataplasmes		6	"	3.	"
"	"	6 Suspensoirs filet gris Sf. sous-cuisses		4.	50.	2.	25.
3	"	Pastilles de Vichy Sf. parfum, à la menthe et autres		4.	"	12.	"
"	040	Huile de Croton Tyglium	ft. 10.	96.	"	3.	85.

A reporter. ________ 166. 10.

Kil.	Gram.	Désignation			D'autre part	166.	10.
			Vasés				
"	250.	Quina gris, pilé	.10.	"		2,	50.
"	"	12 Canulles Droites assorties G. El	"	"		2,	25.
1,	"	Cire blanche	"	"		5,	60.
1,	250.	Stearine, 1er blanc	3.	"		3,	75.
"	,	2 Boîtes Pastilles de Digitale de Labélonye	1,	50		3,	"
.	,	4 D. boîtes Pastilles de Lactate de fer	1,	50.		6	.
,	250.	Pastilles de Lactate de fer	9,	"		2,	25.
"	,	12 Taffetas anglais, gauffrés, rose et noir	"	"		1,	30.
"	"	12. id. Ordinaires	"	.		1,	.
1,	"	Fleurs de Nymphéa	"	"		3	"
3.	"	Guyac rapé	"	40.		1,	20.
1	"	Petit Chêne	.	"		1,	30.
"	030.	Vanille belle		20.le g.		6	.
3	"	Racine de Saponaire	1,	10.		3,	30.
"	"	500 Pois d'Iris n. 5	9,	50.		1,	75.
1.	.	Noix vomiques pulvérisées	"	"		2,	80.
5.	"	Sel de Saturne	1,	40		7	"
"	"	25 boîtes rouges, papier à cautère	"	20.		5	"
"	100	Oxide de Zinc — bl — 30.	12.	"		1,	20
"	.	6 Boîtes cigarettes d'Espic	1,	60.		9,	60.
"	500.	Poudre de Ciguë	11.	50		2,	20.
"	500.	Poudre surfine de Guimauve	2,	80.		1,	40.
"	125.	Semen-contra Sucré	4.	"		"	50.
1,	"	Squine coupée	"	"		1,	20.
"	"	6 Coliers anodins	5.	" Dne		2,	50.
1.	455.	Ether sulfurique — 35.	3.	20		4,	65.
3	,	Poivre cubèbe	"	2.	80.	8,	40.
"	565.	Pommade aux Concombres — Po. — 50.	6.	"		3,	40.
"	"	6 Boîtes pâte d'escargots	1.	10		6.	60.
"	"	2 Eteredoirs façon Darbo	"	.		pour	m.

A reporter ___ 266 | 78

Kil.	Gram.					Report — 266,	78.
"	"	2 Biberons Charrière		"	"	point	
"	"	6 Flacons Limonade Rogé		1,	50.	9	"
4.	300	Pâte de Jujube, belle	P. 60	3.	.	141,	40.
"	"	6/2 bouteilles Sirop anti scorbutique		1,	10	6.	60
35	.	Fleur de Guimauve		1,	10,	27.	50.
"	"	6 Flacons pilules ferrées		1,	50.	9.	"
1 1/2	6/	Graines de Santé		"	60	7.	20
		1 Boîte mouches de Milan. L.C. 20		"	..	12	"
9	..	Papier Epispastique de Sauve		"	50.	4	50.
		Caisse 3.		"	.	4,	85
					F.ce	368	85.

Lyon, le 16 Février 1843.

Monsieur,

Nous avons l'honneur de vous remettre ci-contre, facture, s'élevant à la somme de 368 f. 85.c dont vous voudrez bien nous créditer.

Nous avons reçu, le 31 Janvier, le complément de la commission dont vous nous avez favorisé. Nous espérions vous en faire plus prompt envoi, mais ne voulant pas vous faire plusieurs expéditions, nous avons demandé à Paris les divers articles signalés manquant sur votre facture, las de les attendre, ne les ayant pas reçus, nous nous sommes décidés à vous adresser ce qui était prêt, regrettant donc par l'avoir fait plus tôt.

À l'instant nous parvient votre estimée, nous faisant de justes reproches. Nous allons expédier son contenu avec les articles attendus, en espérant qu'à l'avenir vous n'aurez pas souvent de pareils reproches à nous faire.

Votre caisse a été remise le 15, en 10 jours, à 4 f 50 les % Kilo

L'an 1849, en le 17 du mois de Décembre.

Nous, soussigné, Commissaire de police de la ville de Toulon, ensuite de la réquisition à nous faite par M Eorchon, avocat, demeurant à Paris, rue Jacob, N° 19, représentant de la maison Frère, rue Jacob N° 19 à Paris, en de l'autorisation qui m'a été donnée par le Procureur de la République de cette ville, nous sommes rendu hier à trois heures après midi, en compagnie de M Eorchon, dans la pharmacie de M. Slizewiez, Jean, rue de l'Intendance N° 1er où nous avons trouvé trois boîtes portant des bandes vertes, sur lesquelles était gravé : Pâte pectorale Balsamique de Regnault aîné, L. Frère, élève et successeur de Regnault aîné, prix des boîtes, 1 f. 50. Lesquelles boîtes ont été reconnues par M Eorchon, comme étant une contrefaçon ; nous avons saisi ces boîtes et avons demandé à M. Slizewiez d'où il tenait ces pâtes pectorales, il nous a répondu qu'il n'avait acheté la pharmacie que depuis 20 jours, qu'il avait acheté le fond de M. Huguex, parmi lequel ces boîtes se trouvaient et qu'il en ignorait complètement l'origine, il nous a cependant prié de nous rendre chez lui, à 7 heures du soir, où des renseignements plus précis pourraient nous être donnés par les anciens associés de M. Huguex, son prédécesseur. — Nous nous sommes en effet rendus à l'heure convenue, toujours en compagnie de M Eorchon, nous avons trouvé dans l'arrière magasin, M.M. Long et Ventre Docteurs en médecine et anciens associés de M Huguex, lesquels ont dit ne pouvoir nous donner des renseignements très précis, attendu que c'était M Huguex qui gérait la pharmacie et qu'eux n'étaient seulement que pour fournir des fonds et partager les bénéfices. Ils nous ont cependant donné une facture du 18 7bre 1848 provenant de MM. Bruny fils aîné et Chanel, droguistes à Lyon, dans laquelle se trouve une livraison de vingt boîtes de pâte pectorale, livrée à 90 centimes, dont font partie les boîtes saisies. Mr Corchon alors observa qu'à ce prix on ne pourrait livrer que de la contrefaçon, attendu que provenant de la source mère elles sont expédiées à Mr Bruny, à raison d'un franc sans escompte.

Mr Corchon avait acheté dans cette pharmacie une bouteille de sirop de Digitale de Labelonye, qu'il a supposé être une contrefaçon, et nous a prié de la mettre sous notre cachet.

Nous avons mis les trois boîtes saisies et la bouteille sous notre cachet et signé le présent pour servir et valoir ce que de droit, et avons remis le tout à Mr Corchon.

Fait à Toulon les jour et an dits. Signé:

Teinture Bruny à Hugues.

MM. Hugues & Cie Pharmaciens à Toulon,
Doivent à Bruny fils aîné & Chanel.
Lyon le 18 Septembre 1848.

Kilo	gram	Désignation		fr	c	fr	c
"	"	15 Flacons injection de Chazar		2	20	33	.
2	930	Camphre Raffiné		4	60	13	45
1	"	Réglisse en graine		"	..	4	.
"	500	Calomelas à la vapeur — Fl.	15	18	..	9	.
"	"	12 Suspensoirs filets gris Hs Cuissel				5	"
"	"	6 Douzᵉˢ Seringues en verre — Boîte	60	1	40	8	40
1	.	Cartes blanches		"	"	1	80
		20 B/ Pâte pectorale (Livrée)		..	90	18	..
		50 1/2 Sirop antiscorbutique — Caisse		"	"	1	75
						94	40
		3 p% Escompte				2	85
		A reporter				91	55

Report	91,	55.
Ny Mandat protesté	227,	"
T	318,	55.

Que nous disposons par notre mandat au 30 Octobre. Paraphé Ne varietur, Toulon le 17 Octobre 1848. Signé : le Commissaire de police......

Suivant vos désirs, nous avons réuni cette facture au mandat revenu impayé, nous espérons que cette nouvelle disposition recevra l'accueil mérité.

Nous aimons à croire que tout sera à votre convenance, en vous engageant à nous continuer vos demandes.

Nous avons mis sous votre timbre, une caisse à l'adresse de M. Andrieux, votre collègue, et à prix commun, il y aura économie pour vous deux.

Agréez nos excuses de l'embarras que cela pourra vous donner.

L'an, 1848. le 16. Décembre.

Devant nous, soussigné, Commissaire de police de la Division Est. de la ville de Toulon, se présente M. Marie, Pierre, Henri Torchon, avocat, demeurant à Paris, rue Jacob, N° 19, lequel, après nous avoir exhibé une procuration de M. Louis René Frère, ancien pharmacien, demeurant à Paris même rue et N° que dessus, par laquelle ce dernier lui confère tout pouvoir pour poursuivre le contrefacteur d'une pâte pectorale dite pâte de Regnault, dont il a conjointement avec M. Louis Désiré Véron, propriétaire, demeurant également à Paris, rue Taitbout N° 30, la légale exploitation ; Nous requiert

de l'accompagner chez le S.ʳ Chambeiron, pharmacien,
demeurant à Coulons, rue Lafayette, à l'effet d'y saisir une
boîte de contrefaçon de la pâte ci-dessus —

Faisant droit à la réquisition dudit S.ʳ Corchon et
après en avoir référé à M.ʳ le Procureur de la République,
près le Tribunal de première instance, séant en cette ville,
nous nous sommes rendus avec le requérant dans l'officine
du dit S.ʳ Chambeiron, où arrivé, le requérant a demandé à
ce pharmacien de lui remettre la boîte de pâte de Regnault
qu'il avait tenue quelques heures avant dans son magasin,
laquelle boîte de l'aveu même du dit pharmacien était
une contrefaçon de la véritable pâte exploitée par la
maison Frère & Cⁱᵉ de Paris —

Sur ce, le pharmacien Chambeiron a ouvert un
vitrail, situé à gauche de la porte d'entrée et on a tiré
une boîte verte en carton, de sept centimètres et demi de
diamètre, à bord jaune, et sur laquelle existe une étiquette
représentant celle qui recouvre les vrais boîtes de la pâte
Balsamique de Regnauld.

Cette boîte était nue, c'est-à-dire, dégagée de ses
enveloppes ou bandes ; elle renfermait une pâte noire coupée
par petits morceaux —

Interrogé sur le point de connaître le fabricant
ou la maison de Commerce qui lui fournissait de telles
boîtes, le dit S.ʳ Chambeiron a répondu qu'il n'avait
jamais eu que celle qu'il nous représentait ; qu'un jeune
homme, qu'il croyait un voyageur de commerce, était
passé chez lui et lui avait laissé cet échantillon, sans
lui dire qu'il venait de telle maison, mais seulement
lui disant qu'il repasserait plus tard, et que si cela pouvait
lui convenir il lui fournirait de telles boîtes à 90 Centimes
et que dès lors il n'a plus revu ce voyageur et qu'il n'a

faire aucune emplette de ce genre.

Invité par nous, Commissaire de police, à nous remettre cette boîte, il a hésité, puis cependant, il nous l'a remise. Nous l'avons fait sceller à quatre endroits au moyen d'une cire verte sur laquelle est représenté un caducée cachet dont s'est servi le Sr Chamberin à ce sujet.

Cette boîte a été remise à Mr Torchon, après avoir été mise sous bande et revêtue de notre cachet.

De tout quoi, nous avons dressé le présent procès verbal pour être laissé à mon dit Sr Torchon, requérant.

À Toulon, le an, mois et jour que devant.

Signé: Gindre.

L'an 1848, et le 19 Décembre

Nous, Joseph-Veron-Achard, Commissaire de police de la ville D'Aix, nous sommes rendus chez Joseph-Justin-Pacoux, pharmacien, place du pêcheur, où nous avons trouvé quatre boîtes de pâte de Regnault, reconnues par le dit Sr Torchon et nous, être de contre-façon, qui lui ont été achetées au prix de 1 f. 10 C chaque, dont deux seront déposées au greffe du Tribunal et les deux autres entre les mains du dit Torchon, également revêtues de notre sceau et de notre signature.

Le dit Pacoux interpellé à son tour, s'il ne pourrait par nous donner connaissance d'où il a pu se les procurer et à quel prix il les a achetées, il nous a répondu qu'il les tenait d'un voyageur de Lyon, appelé Besnard, mais qu'il ignore le nom du fabricant et le prix.

De tout ce que dessus nous avons dressé procès verbal &c

À Aix les jour, mois et an que dessus. Signé: Achard.

Interrogatoire. Bruny.

Antoine Bruny, fils âgé de 28 ans, l'un des chefs du Commerce de Droguerie et Pharmacie de Bruny fils aîné et Chanel, demeurant rue Lanterne N° 15. natif de Lyon, célibataire, &c.

Demande, avez vous apporté le compte détaillé de votre maison avec le Sr Ayor, d'après vos livres de Commerce, ainsi que nous vous y avons invité?

Réponse. Oui, Mr. le voila, et de suite il l'a paraphé avec nous.

D. Nous remarquons que ce relevé de son livre ne prend que depuis le 1er Janvier 1848. Est-ce que vous ne faisiez pas déjà des affaires avec M. Ayor, avant cette époque?

R. Pardonnez-moi; nous en faisions depuis qu'il a acheté la pharmacie de M. Poiturat, nous n'avons pas pensé que vous voulussiez remonter si haut; je veux dire que nous faisons des affaires avec M. Ayor que depuis le 10 Janvier 1841, époque où a commencé notre société commerciale. Puisque vous l'exigez, je m'engage à vous remettre une copie de tous les comptes que nous avons eus ensemble, et ce, sous le plus bref délai.

D. En attendant, pourriez-vous me dire si vous avez expédié des marchandises à Ayor et si vous en avez reçu?

R. Nous lui en avons expédié souvent, mais nous n'en avons reçu que quelquefois.

D. De quelle nature étaient les marchandises que vous receviez de lui?

R. Des articles tels que, sirops et sucs de groseilles, sirops de violettes, de pointes d'asperges; sirops et sucs de coings, des eaux-de-rose, enfin de toutes ces choses que sa position à Villefranche lui permettait de nous livrés à bon compte, il nous renvoyait très souvent des bouteilles vides d'eaux gazeuses.

D. Comment se fait-il que du 23 Novembre 1847, au 16 Mai 1848, il vous ait envoyé par les voitures de Courrier père et fils vingt-et-une caisses pesant ensemble 2,992 Kilog. ?

R. Ce sont les expéditions qu'il nous a faites des divers articles que je vous ai détaillés, et des renvois d'emballages, verres, bouteilles &c.

D. Ne vous a-t-il pas envoyé en outre des flacons de pilules de Vallet ?

R. Non, Mr jamais.

D. Cependant il vous a expédié par Debrou, voiturier, une caisse qui contenait 125 de ces flacons ?

R. Je n'ai pas connaissance de cela Dutour.

D. N'avez-vous pas expédié à M. Vance, pharmᵉⁿ à Valence des bouteilles de Sirop de Lamouroux et des flacons de pilules Vallet ?

R. Non, Mr

D. Cependant ces envois sont constatés par vos factures des 9 Mars et 26 Juillet 1848 ?

R. Cela n'est pas, on ne nous prouvera pas qu'il y ait des factures de sirop de Lamouroux et des pilules de Vallet qui ne fussent pas des envois de véritables sirop de Lamouroux et des pilules de Vallet. Nous les tirons ordinairement de chez les inventeurs à Paris et quelquefois de chez leurs dépositaires à Lyon.

D. Comment se fait-il, dans ce cas, que vous ayez pu facturer les pilules à un franc le flacon et le sirop de Lamouroux à un franc vingt-cinq, tandis que le flacon Vallet vous revenait à un franc 75c et la topette de sirop

à un franc 40 c. plus le transport, moins un escompte de
6 p %?

R. Non jamais nous n'avons facturé à ce prix là

D. C'est cependant à 1 f. 25 que vous avez facturé les
sirops de Lamouroux au Sr Lioran, pharmen à Brive de Gde?

R. Non, Mr.

D. Pourquoi avez-vous expédié à Lioran les étiquettes
et les bouteilles séparément?

R. Cela n'est pas.

D. Quelle était la maison qui vous les expédiait ainsi
au-dessous du prix? N'était-ce pas le Sr Ayou?

R. Jamais on ne nous en a expédié; ni nous n'en
avons expédié nous-même comme cela.

D. Les étiquettes qui recouvrent les bouteilles des
sirops de Lamouroux et les flacons de Pilule Bâlles
sont pareilles à celle imprimées par la maison Brunet
et Fouville pour le compte de M. Ayou; il est donc
évident que c'est de M. Ayou que vous receviez ceux que
vous expédiez à votre tour?

R. Cela n'est pas, nous n'en avons reçu ni
d'Ayou ni d'ailleurs que des inventeurs eux-mêmes.

D. N'avez-vous pas payé pour le compte d'Ayou
diverses factures à Brunet et Fouville et à M. Mollon verrier?

R. Chez M. Mollon, non, chez MM. Brunet et
Fouville nous avons payé une facture générale dont je ne
connais pas le contenu. M. Ayou nous a fais passer
l'argent nécessaire; à la même époque, nous payâmes pour lui
un compte de Chapolier; quant à M. Mollon je ne
m'en rappelle pas bien.

D. Brunet et Fouville ne vous ont-ils pas livré des
étiquettes et des prospectus pour le compte d'Ayou?

R. Non.

Plus n'a déposé. Signé Fleury Delaÿ

Relevé des livres de MM. Bruny fils aîné & Chasel, par eux remis à Mr. le Juge d'Instruction de Lyon, le 29 Janvier 1849.

Doit — M. Camille Ayou, à Villefranche. — **Avoir.**

Doit — 1848

Date		Libellé	Francs	c.
Janvier	1	Soldé à ce jour	562	60
"	19	Votre facture	1134	15
"	26	"	8	10
Février	5	"	366	85
"	12	"	6	50
"	23	"	287	.
"	26	"	23	90
Mars	4	"	15	50
"	15	"	450	30
"	17	"	6	.
"	18	"	33	70
"	20	"	103	60
"	25	"	82	35
Avril	8	"	399	65
"	15	"	30	35
"	19	"	49	70
"	20	"	31	60
Mai	3	"	27	65
"	10	"	6	"
"	12	"	43	40
"	20	"	95	20
"	23	"	71	90
Juin	7	"	139	75
"	3	"	76	65
"	14	"	7	35
"	17	"	10	45
Juillet	1	"	54	50
"	8	"	130	95
"	10	"	25	95
"	12	"	10	25
À reporter			**3,591**	**95**

Avoir — 1848

Date		Libellé	Francs	c.
Janvier	1	1 Rab de nj facture	2	25
"	"	Objets rendus	18	"
"	15	Son règlement	883	70
Février	12	" "	407	30
"	"	Objets rendus	9	60
Mars	4	id.	6	.
"	10	Son Payement	190	95
"	17	Son Règlement	1147	25
"	23	Objets rendus	16	85
"	25	Sa remise	395	50
"	31	Son Règlement	375	"
Avril	19	Objets rendus	34	60
Mai	23	Caisse rendue	1	50
"	"	Remise s/ Lyon	56	55
Juin	4	idem	67	35
"	30	Objets rendus	11	85
"	"	Sa remise	55	"
"	"	Objets rendus	19	25
À reporter			**3,498**	**70**

Débit

1848.		Report	3,591	95
Juillet	15	Notre facture.	6	75
"	21	"	21	30
"	29	"	24	55
Août	2	"	25	55
"	5	"	22	60
"	12	"	25	25
"	23	"	39	"
"	26	"	4	70
Septembre	2	"	76	95
"	5	"	12	"
"	9	"	49	85
"	13	"	34	40
"	15	"	35	70
"	15	"	4	10
"	23	"	7	50
"	27	"	111	05
"	30	"	19	85
Octobre	11	"	20	20
Novembre	3	"	57	40
"	22	"	31	90
"	27	"	1	50
"	29	"	46	10
Décembre	2	"	27	50
"	15	"	46	70
"	23	"	37	70
1849. Janvier	13	"	23	95
F.			4,411	..

Crédit

1848.		Report	3,498	70
Août	21	Objets rendus.	13	50
Septembre	15	Dans caisse	1	60
"	30	idem	1	30
Novembre	11	Objets rendus	15	30
Décembre	8	idem	6	15
1849.			"	.
Janvier	24	idem	1	10
		Solde à ce jour	873	35
F.			4,411	..

Paraphé par nous, Juge d'Instruction.

Lyon, le 28 Janvier 1849.

Signé: Bruny, fils ainé et Chanel, F. Fleury Dela.

Louis Faure.
1847. — 19 Avril.
Relevé de son inventaire
après faillite (La minute
déposée au Greffe).

1848. — 30 8bre
Saisie Abbans.

Art. 21, de l'Inventaire.
Cabinet de Sirops dans l'escalier de la maison.
166 Bouteilles de Sirop de Lamouroux — Contrefait
10 Bouteilles   idem — Véritable
132 Bouteilles Sirop d'Briaux — contrefait
69 Bouteilles Sirop Lamouroux — Contrefait
54 Bouteilles pointes d'asperge —
102 Bouteilles Elixir Guillié — Contrefait
Estimé, le tout F. 309. 24c.

Ce jourd'hui, 30 Octobre 1848.
A la requête de MM. P. Lamouroux & Cie,
pharmaciens à Paris, rue du Marché aux poirées N.11. lesquels
font élection de domicile et constitution d'avoué en l'étude de
et personne de Me Albertin, avoué à Lyon rue Portefroc 1er,
Je, Barthélemy Foy, huissier audiencier près le Tribunal
civil de Lyon, y demeurant — place de la boucherie des
Terreaux, commis à cet effet, certifie m'être transporté
avec deux témoins dans la pharmacie dite du Nègre,
sise à Lyon, rue du bois, y étant et parlant à un garçon
y trouvé, je lui ai exhibé l'ordonnance de Mr le Président
du Tribunal civil de Lyon, à la date de ce jour 30 Octobre,
mise au bas d'une requête à lui présentée le même jour,
Lui faisant sommation d'avoir à me représenter immédiatement tous les flacons contenant du Sirop pectoral de P.
Lamouroux & Cie qu'il peut avoir dans sa pharmacie,
de suite il nous a été montré dans le soubassement de
la boiserie plusieurs petites bouteilles ou flacons Sirop
pectoral de P. Lamouroux ; l'une de ces bouteilles qui
portant une étiquette avec signature collée sur le bouchon,
a été reconnue par Mr Lamouroux qui m'assistait, pour

être vraie et sortie de son officine, mais toutes les autres ont
été reconnues contrefaites ; M. Lamouroux nous a fait remarquer toutes les différences ; aux étiquettes, aux verres &c.
Cependant, les bouteilles ressemblent aux autres d'une manière
tout-à-fait frappante. — Elles sont de la même grandeur ;
le bouchon est aussi en cire d'Espagne rouge ; il porte les mots :
Pharmacie P. Lamouroux autour, puis, au milieu ceux :
Sirop pectoral, Paris ; La bouteille porte un cachet placé
sur le ventre et avec les mêmes lettres ; sur la bouteille
il y a une étiquette lithographiée sur laquelle on lit : « P
Lamouroux, pharmacien, rue du Marché aux poirées N.º 11, à
« la halle, à Paris. — Sirop pectoral de P. Lamouroux. =
« Nota. On ne doit une entière confiance à ce sirop qu'autant
« que les bouteilles sont toujours accompagnées de l'imprimé
« revêtu de la signature de l'auteur. » Puis on voit partant
de l'angle au bas de l'étiquette et allant à un autre angle
du haut, la signature P Lamouroux.

Parmi les huit ou dix bouteilles qui m'ont été
représentées, j'en ai saisi deux qui resteront au Greffe
du Tribunal correctionnel, comme pièces de conviction.

Le garçon qui se trouvait là et qui nous a
déclaré que cette pharmacie était dirigée par MM. Abbat
et Chanel auxquels elle appartenait, nous a assuré
qu'il n'existait aucune autre bouteille du sirop de
Lamouroux que celles représentées ; et en effet, ayant
cherché, nous n'avons rien trouvé autre.

Le S.r Abbat, intervenu, nous a dit avoir
acquis ces flacons sirop Lamouroux. Du S. Francisque
Faure, bandagiste, place de la plâtrière, qui les tenait
de la faillite des S.rs Hevol et Faure qui étaient
droguistes à Lyon ; il m'a remis une petite note de Franc.que
Faure, fructirum onze flacons, Sirop composé et m'a

assuré n'avoir pris cette petite quantité de sirop de Faure,
que parce qu'il était créancier, qu'il ne pouvait savoir qu'ils
étaient contrefaits, qu'habituellement il se sert
chez le Dépositaire à Lyon, de M. Lamouroux,
et pour m'en justifier, il m'a représenté deux
factures de la pharmacie André. De Lyon. Dépôt
général ; enfin il a déclaré, sur mon interpellation,
que cette pharmacie appartenait à M. Chanel,
successeur de M. Pine et que lui, quoique en nom,
n'était que commis.

N'ayant rien pu découvrir autre, j'ai borné
là mes constatations &c. Signé : Foy.

1848. — Mai 24.

Facture Francisque Faure
à Abbat.

1848, Mai 24.
11 Flacons sirop composé
Nota : MM. Francisque Faure et Abbat reconnaissent que, sous cette dénomination, l'un avait vendu et
l'autre acheté du sirop pectoral de Lamouroux contrefait.
Les bouteilles ont été saisies. — Procès verbal au N° ci dessus.

1849. — 12 Mars
Lettre de Francisque Faure.

Selon votre désir, je viens vous dire d'où
sortent les bouteilles sirop Lamouroux, contrefaçon,
que vous avez trouvées chez M. Abbat, pharmacien de
notre ville.

1° J'en ai acheté de mon frère Louis Faure
qui vendait les marchandises de son ancien magasin
sous la Direction des Syndics Dulac et Chanel. Ces
sirops m'ont été facturés comme Bandages et je les
ai payés 60 c la bouteille.

2° J'en ai acheté aussi de MM. les syndics, vu
que la vente du magasin était suspendue. M. Chanel était
possesseur des clés où étaient ces sirops, et m'en a fait

remettre par son garçon.

— Voici, Mr Lemouroux, la vérité et rien
que la vérité ; comme vous le savez, ces sirops ne
m'ont pas profité, attendu que je les ai remis à Mr
Abbas pour éteindre une dette de mon frère, qui
devait être sacrée.

J'ose donc espérer, Mr que vous me mettrez
de côté pour les poursuites, vu que je suis innocent.
J'ai l'honneur &c.

Signé Francisque Faure.

1849. ——— 6 Mars.

Déposition Dulac.

Jules Dulac, âgé de 42 ans, arbitre de Commerce,
demeurant à Lyon, rue Constantine N° 2, Dépose :

Je ne sais rien de relatif à cette affaire,
je ne suis plus syndic de la faillite Faure,
j'ai rendu mes comptes depuis un an.

Demande. Quelle a été la personne chargée
de l'expertise de la marchandise et de la rédaction
de l'inventaire ?

Réponse. Ce sont les syndics, en présence
du failli et de Mr le Juge de paix qui ont procédé à la rédaction de l'inventaire, nous n'avons
point eu recours aux experts.

D. Comment avez-vous su que les marchandises désignées à l'inventaire sous le N° 21, étaient
contrefaites ?

R. Probablement on nous l'a indiqué, je
crois que c'est Mr Francisque Faure, frère du
failli, qui nous l'a dit.

D. Chanel, syndic en a-t-il eu connaissance?

R. Je ne m'en rappelle pas; je crois même qu'il n'a pas assisté à toutes les séances.

D. Qu'est-ce qu'il avait été décidé pour la vente de ces marchandises, ont-elles été vendues à l'enchère ou à l'amiable?

R. A l'amiable et au comptant.

D. Ont-elles été vendues en un ou plusieurs lots?

R. Elles ont été vendues à bureau ouvert à l'amiable et au comptant, le garçon nous rendait compte chaque soir du produit de la vente de la journée, on n'a vendu à l'enchère que des raisins parmi lesquels il n'y a point eu de sirops.

D. A combien s'élève le total des ventes faites à l'amiable?

R. La vente de toutes espèces de marchandises a pu s'élever de quinze à dix huit mille francs, je ne puis préciser n'ayant pas les livres. Dans tous les cas, n'ayant porté sur les livres que les résultats des rendements de compte sans spécifier la nature particulière de chaque marchandise vendue, je ne pourrais dire sur quelle nature de marchandise portait chaque rendement de compte.

D. Le Commis, ou garçon de peine, chargé de ces ventes, devait-il vendre par lot ou en détail?

R. il vendait comme on lui demandait.

D. Devait-il inscrire sur son livre, les divers articles vendus par lui?

R. Il inscrivait sur une facture, nous pointions les articles pour nous assurer s'il n'y avait pas de déficit, rien de tout cela n'a été conservé, que le concordat et la reddition de mes comptes.

D. Sous quel article de ventes ou factures est

Sous quelle Dénomination sont portées sur le cahier de ventes les articles bouteilles de sirops contenues dans le N° 21 de l'Inventaire?

R. N'ayant point de cahier de ventes, je ne puis le savoir. Nous avions des feuilles qui nous avaient servi à rédiger l'inventaire, sur ces feuilles nous pointions les articles vendus, une fois le tout trouvé juste et exact, nous avons jeté ces feuilles au vieux-papier.

D. Savez-vous à qui ont été vendues ces bouteilles de sirop?

R. Ma foi non, cependant je crois, sans pouvoir l'affirmer, que M. Francisque Faure en a acheté quelques unes.

D. Savez-vous si ces sirops avaient été fabriqués par Faure, le failli?

R. Je ne le crois pas.

D. Savez vous s'il les tenait d'Aya, pharm.n à Villefranche?

R. Pas davantage, il n'y a que Faure qui puisse répondre à ces questions.

Plus n'a déposé et a signé.

1849. — 6 Mars.
Déposition Rocher.

Ce jourd'hui 6 mars
Pardevant nous, Juge d'Instruction &c.
A comparu.
Pierre Rocher, âgé de 34 ans, employé dans la maison Bruny et Chanel, rue de la Lanterne 15 et dépose.
Je ne sais rien de relatif à cette affaire.
Demande. N'avez vous pas été employé chez M. Faure?

Réponse. Oui Mr. pendant à peine cinq à six mois.

D. n'avez-vous pas été chargé par les syndics de la vente des marchandises provenant de la faillite, ou du moins d'une partie ?

R. Oui. Mr. j'en fus chargé avec le failli; ce qui est resté a été vendu judiciairement.

D. Par qui fûtes-vous chargé de ces ventes ?

R. Par les Syndics.

D. Est-ce vous qui avez vendu les bouteilles de Sirop de Lamouroux, de Brian et de Johnson et l'Elixir de Guillié, désignées au N.° 21 de l'inventaire.

R. Non. Mr, ce n'est pas par moi qu'elles l'ont été, je ne sais ce que ces Sirops sont devenus. Dès lors je ne puis indiquer les personnes à qui ils ont été vendus, ni à quel prix ils l'ont été et encore moins quels sont ceux qui sont venus les enlever.

Lecture à lui faite de sa Déposition, il a déclaré y persister et a signé.

Signé : Mocher. f. Fleury Bela & Bie C. gier

A Monsieur Jean Jacques Guichon, Juge de Paix du Canton de Perpignan, Division de l'Est.

Le Sr. Louis René Frère, ancien pharmacien, Domicilié à Paris, rue Jacob N.° 19, poursuite et Diligence de Mr Justin Antoine Gérard, son voyageur de passage à Perpignan;

A l'honneur de vous exposer:

Que l'Exposant est cessionnaire de la recette de la pâte balsamique dont Mr. Regnault était l'inventeur et du Droit exclusif de s'en servir ————

pour l'exploitation de cette pâte du nom de M. Regnauld aîné, et de toutes les désignations dont il se servait lui-même ;

Que l'exposant ayant appris que M. Bordo, pharmacien à Perpignan, vendait ces boîtes contenant de la pâte pectorale balsamique, en contrefaçon de celle que l'exposant vend en sa qualité de cessionnaire de M. Regnauld, lesquelles boîtes sont revêtues d'une inscription et de la signature de M. Regnauld, falsifiées ;

Que conformément à l'article 1er de la loi du 28 Juillet 1834, quiconque aura soit apposé, soit fait apparaître, par addition, retranchement ou par une altération quelconque sur des objets fabriqués, le nom d'un fabricant autre que celui qui en est l'auteur, ou la raison commerciale d'une fabrique autre que celle où les dits objets auront été fabriqués, et enfin le nom d'un lieu autre que celui de la fabrication, sera puni des peines portées en l'article 423 du code pénal, sans préjudice des dommages intérêts, s'il y a lieu ;

Que l'exposant voulant faire appliquer au contrefacteur les dispositions de la dite loi, doit au préalable faire constater légalement la mise en vente de la dite pâte balsamique dans des boîtes portant une inscription et une signature de M. Regnauld falsifiées ;

En conséquence, l'exposant conclut à ce qu'il vous plaise, Mr. le Juge de Paix, vous transporter au domicile de M. Bordo, pharmacien à Perpignan, pour saisir et mettre sous les scellés toutes les boîtes contenant la pâte balsamique de Regnauld, dont les inscriptions et les signatures se trouvent falsifiées, sauf à l'exposant à requérir contre le contrefacteur l'application de l'article 423 du code pénal devant tous Tribunaux compétent.

Et ce sera justice

Perpignan, le 12 Mars 1844. Signé. Julien Gérard.

L'an 1844 et le 12 Mars,

Nous, Jean Jacques Guichon, Juge de paix du Canton de Perpignan, Division de l'Est,

Vû la requête ci-dessus et y faisant Droit, ordonnons qu'aujourd'hui 12 Mars, nous nous transporterons, assisté de notre greffier, dans la maison du Sr Dominique Bordo, pharmacien, Domicilié à Perpignan, aux fins énoncées en la dite requête.

Perpignan, les jour, mois et an que dessus.

Signé J.J. Guichon.

Enregistré à Perpignan, le 13 Mars 1844, f° 11. C.e 8, reçu 1f. . décime 10 c/. Signé : Lagrimardie.

L'an 1844 et le 12 du mois de Mars à Perpignan à 7 heures du soir

Nous, Jean Jacques Guichon, juge de paix du canton de Perpignan, Division de l'Est, conformém.t à notre ordonnance, en date de ce jour, rendue au pied de requête;

Nous sommes rendu, accompagné du Sr Mathieu Lafargue, greffier et de M. Justin Antoine Gérard, Commis et agent du Sr Louis Romé Frère, ancien ph.ien Domicilié à Paris, Dans la pharmacie du Sr Bordo (Dominique) pharmacien en cette ville, place Grétry, et nous étant adressé au dit Sr Bordo, nous lui avons demandé des boîtes contenant une pâte Désignée par le nom de Pâte pectorale balsamique de Regnault aîné, il nous a répondu que oui, et nous a représenté une boîte ayant sept centimètres 5 millimètres de Diamètre sur 2 centimètres 9 millimètres de hauteur, laquelle boîte est enveloppée d'une enveloppe de papier blanc, lequel est contenu par une bande de papier vert d'une largeur de 3 c/m. 6 m/m. dont les deux bouts sont réunis par le cachet en cire verte foncée, autour duquel sont écrits ces mots ; L. Frère, de Regnauld ainé, et au centre du Cachet, les mots suivants : Élèves success.[?] à environ 35 m/m de l'un des bouts, existe un timbre dont le fond est noir, portant ces mots ; seul propriétaire et au centre de ce cachet la signature L. Frère. sur le milieu de la bande sont écrits transversalement les mots suivants : Pate Pectorale balsamique de Regnauld ainé et Frère élève et successeur de Regnauld ainé. — Prix 1 f. 50.ᵉ A.

La quelle boîte présentée par le dit Sⁱ Bordo, a été examinée par le dit Sᵗ Gérard, lequel a déclaré et affirmé que le cachet, le Timbre et les Deux signatures Regnauld ainé et L. Frère, sont contrefaits, ayant demandé au Sⁱ Bordo d'où lui venait cette boîte, celui-ci a répondu qu'elle lui avait été envoyée avec d'autres boîtes pareilles par les Sⁱˢ Revol et Faure, pharmaciens droguistes, rue Bât d'Argent, à Lyon, et que cet envoi lui avait été fait dans le mois de février 1843. le 22.

Le dit Sᵗ Gérard ayant payé au Dᵗ Sⁱ Bordo la somme de 1 f 50ᵉ prix auquel le dit Sⁱ Bordo vend ces boîtes, nous a prié de vouloir bien mettre celle-ci sous le scellé et a prié le greffier de s'en rendre dépositaire jusqu'au moment qu'elle lui sera légalement réclamée.

Obtempérant à la dite réquisition, nous avons

enveloppé la sus dite boîte dans une feuille de papier blanc que nous avons contenue au moyen de deux — bandes de papier bleu placées transversalement, sur le derrière desquelles nous avons aposé notre signature ne varietur, et dont nous avons fixé les deux bouts au moyen d'un cachet en cire rouge, portant notre sceau. Après avoir fait aposer les signatures des dits Srs Bordo et Gérard. Laquelle boîte ainsi cachetée et signée est restée entre les mains du greffier, conformément à la demande du Sr Gérard.

De tout quoi, nous avons dressé le présent procès verbal dont lecture a été faite, et que nous avons signé avec le greffier et les Srs Gérard et Bordo.

Signé à la minute Justin Gérard. Bordo J. J. Guichon et Lafargue.

Enregistré à Perpignan, le 13 Mars 1844, f° 12, Case 1ère reçu 2 f. 20 c/. Signé : Lagrimardi

Pour Expédition signé : Lafargue.

Facture Revol à Bordo.

Au mortier d'or, rue du bât d'argent N°21,

Lyon, le 22 février 1843.

M. Bordo, pharmacien à Perpignan,

Doit à Revol & Fauve, pour payer à Lyon dans   mois.

500.	Jalap en P.	7. 50.	3. 75.
6. d.	Bte Capsules	18 "	108. "
2. d.	Bte Pâté	12 "	24 "
31	Sulfate de Quinine	10. "	10 "
	Caisse & emballage.		1 50
			147. 25.

M.

Nous avons l'avantage de vous remettre facture des articles demandés par votre honorée

Il ne nous reste plus de prix courants imprimés, notre voyageur devant passer sous peu de jours à Perpignan, aura l'avantage de vous rendre une visite et vous soumettra nos prix.

Nous vous prions de vouloir bien lui réserver les articles dont vous aurez besoin.

Vos tout Dévoués

Signé : Hérol et Faure.

1849. —— 19 Xbre.
Saisie Aumeran
à Aix.

L'an 1848 et le 19 Décembre.

Nous Joseph Péron Achard, commissaire de Police de la ville d'Aix,

Disons que ce jourd'hui à neuf heures du matin s'est présenté en notre Bureau, le citoyen Marie Pierre-Henri-Torchon, avocat, Demeurant à Paris, rue Jacob, N° 19, fondé de pouvoir de Louis-René Frere, pharmacien à Paris, par acte du 6 février 1840, Dûment enregistré, comme seul dépositaire de la pâte pectorale Balsamique de Regnauld aîné, représenté aujourd'hui sous le nom de L. Frere, Elève et successeur de M. Regnauld aîné, ainsi que des pilules de carbonate ferreux inaltérable de Valler, représentées aussi par la même maison, porteur d'une lettre du citoyen Procureur de la République à la date de ce jour, par laquelle il nous autorise à l'assister à la visite qu'il se propose de faire chez les pharmaciens de cette ville à l'effet d'y reconnaître la contrefaçon de ses médicaments sur l'enveloppe seulement, dont une partie des boîtes et flacons se trouvent répandues chez eux, et

procéder à leur saisie d'après la reconnaissance qui
pourra en être faite par le dit Corchon, d'en dresser procès
verbal, pour lui être transmis. C'est là la cause que
nous nous sommes présentés chez le Citoyen (Aumeran),
Bouchin, pharmacien à Aix, rue de la grande horloge, où
nous avons effectivement trouvé deux boîtes de la pâte
pectorale de Regnault, reconnues comme contrefaites, que
nous avons saisies, dont l'une sera déposée au greffe du
Tribunal et l'autre restera entre les mains du dit citoyen
Corchon, après que nous la lui avons contresignée et
revêtue de notre sceau ; le dit Corchon les ayant payées à
raison de 1 f. 20 chaque.

Le dit Aumeran, interpellé de nous dire s'il
ne connaîtrait pas le voyageur ou la maison de commerce
qui avait pu les lui fournir, sur son registre de factures
ou sur les lettres qui peuvent lui avoir été données en dépôt
par son prédécesseur. Il nous a répondu que le registre
des factures prouve qu'elles lui avaient été vendues par
Roussier Philippe de Marseille.

<table><tr><td style="width:25%;vertical-align:top">Saisie Laborie
à Aix.</td><td>Ensuite, nous nous sommes aussi présentés chez
le Citoyen Laborie (Antoine), âgé de 30 ans, pharmacien
rue des Cordeliers où nous avons également trouvé douze
boîtes de pâte de Regnault, ainsi que 2 flacons de
pilules de Valles, dont le dit Corchon lui en a acheté
deux, au prix de 1 f 10 c chaque, et deux flacons de
pilules au prix de deux francs qu'il lui a payés en
notre présence, dont un de chaque restera déposé au greffe
et les deux autres entre les mains du dit Corchon, revêtus
de notre sceau et de notre signature.
Le dit Laborie interpellé de nouveau s'il</td></tr></table>

ne pourrait nous présenter le nom du Commis voyageur ou la facture de la maison qui a pu le lui fournir, il nous a présenté une facture de Philippe Roumieu de Marseille, en date du 23 Octobre dernier. Dont les Boîtes de pâte lui sont livrées au prix de Un franc, et quant aux pilules, il ne peut se rappeler d'où il les a achetées, attendu qu'elles étaient confondues avec de véritables. Lesquelles boîtes et flacons resteront, savoir: une boîte et un flacon Déposés au dit Tribunal de 1ère Instance, et les autres entre les mains du dit Torchon, aussi revêtues de notre sceau et de notre signature.

De tout ce que dessus, nous avons Dressé procès verbal &c. &c.

A Aix les jour, mois et an que dessus, signé: Achard.

Extrait des Registres du Greffe du Tribunal de première instance, séant à Marseille.

Je, Soussigné, Marie Henri Pierre Torchon, fondé de pouvoir de Mr Louis René Frère, pharmacien demeurant à Paris, rue Jacob, N° 19. Suivant procuration en date du 6 février 1846, enregistrée et légalisée par Mr Domanche, notaire à Paris,

Déclare qu'il est à ma connaissance que Mr Roumieu, pharmacien droguiste, vend sous le nom et la signature de Mr Frère divers produits pharmaceutiques; En conséquence, il porte plainte contre le Dit Mr Roumieu et prie Mr le Commissaire de police Astier, de vouloir bien l'accompagner chez le Dit Sr Roumieu, pour opérer la saisie d'une caisse qu'il croit devoir contenir divers objets de nature à prouver la contrefaçon, de marquer reconnues comme fausses.

Lyon, le 22 Décembre 1848
            Signé : Corchon.

En vertu de la réquisition qui précède,
Nous, Commissaire de Police de
l'Arrondissement du Grand Pont.

Nous sommes transporté avec le requérant
chez le S.r Aunier Philippe, Droguiste,
rue des quatre Saussier N° 1.r, en arrivant dans
le magasin de ce dernier, nous avons trouvé
une femme qui venait de charger une Caisse
et l'avons sommée de la Déposer; Le dit Aunier
interpellé a répondu sans hésiter, que cette caisse
qu'il avait livrée comptant au S.r Collin, présent,
et s'élevant à la Somme de 116 f.s 65 ç. contenait,
entr'autres marchandises, Vingt-cinq boîtes de
pâte de Regnauld, dont l'enveloppe, la signature
et le cachet étaient contrefaits.

Sommé de Dire l'origine de ces boîtes,
le S.r Aunier a répondu ce qui suit :

« J'ai acheté, en mars ou en avril Dernier,
« cent trente boîtes de cette pâte d'un individu
« qui s'est présenté dans mon magasin et dont
« j'ignore le nom ; vers la même époque, pour
« règlement de compte, M. Clapier, pharmacien,
« place Beauregard, m'a livré deux cent trente
« deux boîtes de la même pâte, de telle sorte
« que j'ignore si les vingt cinq boîtes que vous
« avez trouvées et saisies chez moi aujourd'hui
« sont contrefaites ou non. Les boîtes achetées
« à l'individu inconnu ont été payées à raison

« D'un franc en celle de M. Clapier un franc 10°.
« le premier est un homme de 35 ans environ, —
« d'une mise élégante, causant avec facilité, et
« que le commis de la Dame Blanche, ayant
« pharmacie dans la rue Ste Barbe, m'a dit
« demeurer rue de l'Évêché, du reste je le reconnai-
« trais s'il m'était représenté. »

Après cette Déclaration, nous avons Déclaré
à M. Roumieu que les vingt-cinq boîtes de
pâte de Regnauld, dont il s'agit, étaient saisies
et que nous l'en rendions séquestre, pour nous être
représentées à toutes réquisitions de justice.

De ce que Dessus, nous avons rédigé le présent
procès verbal pour être transmis au Citoyen Procur.
de la République, à l'effet d'y être donné telle
suite qu'il appartiendra, et nous avons signé.
Signé Astier, Commissaire de police.

L'an 1848, le 23 Décembre, avant midi,
Nous, Commissaire de police susdit
et soussigné.
En conséquence du procès verbal qui précède,
Avons plié, ficelé et cacheté les 25 boîtes
pâte de Regnauld laissées chez le Sieur
Roumieu — Philippe, Droguiste, rue des quatre
pâtissiers n° 1er et les avons Déposées au Greffe
correctionnel pour servir de pièce de conviction.
Signé Astier, Commissaire de police.
Expédition conforme Délivrée par nous,
greffier.
Signé Adphe Conte.

Saisie Icard
à Marseille.

L'an 1848, en le 23 Décembre, jour de Samedi
à 4 heures du soir.

Nous, Jean-Paul Joseph-Verdet
Commissaire de Police de Marseille, spécialement
délégué pour la surveillance de l'arrondissement du
Cours. Officier de Police judiciaire auxiliaire du Cit.
Procureur de la République.

À la requête du citoyen Torchon, Marie-Henri-
Pierre. Avocat, demeurant à Paris, rue Jacob N° 19. fondé
de pouvoir de M. Louis René Frère, demeurant aussi à
Paris, rue Jacob 19. par procuration enregistrée le 6 février
1846, passée devant M. Demanche. Notaire à Paris,
sur l'autorisation qui nous a été donnée par le citoyen
Procureur de la République.

Nous sommes transporté chez le Citoyen Icard,
pharmacien, rue Latérale du Cours, 30, pour y procéder
à la saisie de la contrefaçon de la pâte pectorale de
Regnauld, contenue dans des boîtes portant son nom
et son Cachet ; demande fut faite d'une des dites
boîtes au citoyen Icard qui nous la remit aussitôt
et à qui nous fîmes part du motif qui nous avait
amené chez lui. Il nous répondit qu'il ignorait
complétement qu'il existât de la contrefaçon pour
cette pâte, nous lui enjoignîmes l'ordre de nous
remettre toutes les boîtes qu'il avait en sa possession,
à quoi il obtempéra très gracieusement, en nous remettant
quatre boîtes qu'il avait dans sa pharmacie nous
déclarant qu'elles avaient été achetées chez le Cit.
Roumieu, Droguiste, demeurant, rue des quatre
Pâtissiers N° 10.

Lecture faite &c.

Saisie Gall à Marseille.

De même suite, à la requête du même et en vertu de la même autorisation que dessus, du Citoyen Procureur de la République, nous nous sommes présentés chez le citoyen Gall, pharmacien, allée des Capucines N° 55, qui, sur notre invitation, nous a remis une boîte de la dite pâte pectorale de Regnault qui n'était point de la contrefaçon, lui ayant demandé s'il n'en avait pas d'autres, il nous a répondu qu'il lui en restait encore une qu'il nous a montrée et qui était de la contrefaçon, nous lui avons demandé où il s'était procuré cette dernière boîte, à quoi il a répondu qu'il ne pouvait se le rappeler, attendu qu'il achetait chez plusieurs Droguistes.

Nous avons ensuite interrogé le nommé David Charles, garçon en pharmacie chez le dit, chargé d'acheter les médicaments utiles à la pharmacie, qui nous a déclaré s'être présenté, il y avait environ douze jours, chez le citoyen Roumieux, Droguiste, rue des quatre pâtissiers N° 7, pour acheter des boîtes de pâte de Regnault, et que celui-ci lui avait déclaré ne pas en avoir en ce moment. Il nous a dit s'être rendu de là chez le citoyen Clappier, place aux Œufs (Tanquins) pour y acheter de la dite pâte. Il nous a affirmé en outre ne pas se rappeler de la provenance de la boîte de contrefaçon que nous trouvions et saisissions chez son patron.

De tout ce que dessus, nous avons rédigé le présent procès-verbal que nous avons transmis au Citoyen Procureur de la République, ainsi que les cinq boîtes que nous avons saisi, 4 chez le citoyen Icard, et une chez le citoyen Gall, plus une boîte devant servir de pièce de comparaison qui nous a été remise par le citoyen Torchon, pour y être donné telles suite que de droit et avons signé. P.r Cop. Conf.me Signé : Verdet.

Saisie Frère,
à Avignon.

L'an 1848, et le 26 Décembre 10 heures du matin,
Devant nous Auguste Odin, Commissaire
de police de la ville d'Avignon, et à notre cabinet,
s'est présenté Mr Torchon, Marie-Henri-Pierre,
demeurant à Paris, rue Jacob N° 19, lequel a porté la
plainte qui suit :

Fondé de pouvoir de la maison Louis René Frère,
pharmacien, demeurant à Paris, rue Jacob 19, et successeur
de Mr Regnauld, je viens, en vertu du pouvoir qui m'a
été conféré, le 6 février 1846, par mon beau-père, Mr Frère,
en l'étude de Me Demanche, notaire à Paris, et enregistré
le même jour, je viens vous porter plainte contre divers
pharmaciens de votre ville, chez lesquels j'ai vu des
boîtes de pâte de Regnault portant, 1° de faux noms ;
2° de faux cachets ; 3° de fausses signatures et par consé-
quent, ne provenant pas de ma maison ; enfin vous
prie de procéder à la saisie des boîtes chez les
pharmaciens que je vous désignerai.

De laquelle plainte, nous avons rédigé le présent
procès verbal, que nous avons signé avec Mr Torchon après
que lecture de la déclaration lui en a été faite.

Fait à notre bureau de police les jour, mois
et an sus dit.

Pour copie conforme et par Duplicata.
le Commissaire de police, signé Odin Augte.
Signé Henri Torchon.

L'an 1848, et le 26 Xbre 10 heures du matin,
Nous, Auguste Odin, Commissaire de
police de la ville d'Avignon, vu la plainte ci-dessus
relatée de Mr Torchon, Marie-Henri-Pierre, après

avoir examiné sa pouvoir et constaté qu'il était réellement et légalement le représentant de la maison Louis Moné Frère, nous sommes transporté, 1° chez M. Lurie, pharmacien rue Rapp, N°6. Où étant, nous avons demandé au dit S. Lurie, des boîtes de pâte de Regnault, aussitôt le dit pharmacien obtempérant à notre demande, nous a présenté et remis en nos mains deux boîtes de la susdite pâte de Regnault qui examinées par le dit M. Torchon qui nous accompagnait ont été reconnues pour porter de faux noms et de fausses signatures et de faux cachets. En conséquence de cette déclaration formelle du plaignant, nous avons saisi les dites boîtes et avons demandé d'où il les avait fait venir, qui, enfin, les lui avait vendues, et sur sa réponse qu'il les avait achetées chez M° Conte. Droguiste, rue des Marchands N° 29. qui les lui avait vendues un franc vingt-cinq centimes l'une

Saisie Conte à Avignon.

Nous nous sommes transporté de suite chez le dit M. Conte, où étant et nous adressant à lui-même, nous lui avons demandé la représentation de toutes les boîtes de pâte de Regnault qu'il pouvait avoir dans son magasin ; et sur sa réponse qu'il n'en avait que quelques unes sur la demande que nous lui fîmes de nous les remettre, le susdit Droguiste nous a remis entre nos mains deux boîtes qui, examinées par le dit M. Torchon, ont été reconnues fausses en tout comme celles saisies chez le S. Lurie.

En conséquence, ayant déclaré à M. Conte que nous saisissions les dites boîtes, ce négociant nous a déclaré qu'il les avait achetées chez M. Regnault, lui-même, et qu'il ne craignait pas d'être poursuivi comme

124.

contrefacteur en vendant de la pâte de Regnauld ne
venant pas d'autre maison que celle de M. Louis
René Frère, ainsi qu'il peut en justifier par diverses
factures venant de cette maison. Mais sur la nouvelle
affirmation de M. Écorchon, que les dites boîtes que nous
avions en nos mains étaient réellement de contrebande. Nous
avons, malgré les dires du sus dit M. Conte, saisi les deux
boîtes.

<table>
<tr><td>Saisie Carré
à Avignon.</td><td>De là, Nous nous sommes transporté chez
M. Carré. Prosper. Pharmacien, Rue Saunerie 18. où
étant, nous avons demandé au sus dit M. Carré, des
boîtes de Pâte de Regnauld, à laquelle demande obtempé-
rant, le sus dit pharmacien, nous a présenté six boîtes
qui, examinées encore par le plaignant, ont été reconnues par
lui comme portant de faux noms, de fausses signatures
et de faux cachets ; en conséquence nous avons saisi les
six dites boîtes, et demandant au dit Sr Carré d'où il avait
tiré cette marchandise, et sur sa réponse qu'il l'avait prise
chez M. Conte, Droguiste, avec lequel il était en relations
d'affaires, nous lui avons demandé combien ce Droguiste
les lui avait fait payer, le dit pharmacien nous a ré-
pondu que chaque boîte pouvait lui revenir à un franc
vingt cinq centimes ; qu'il ne savait pas au juste.
Enfin, au moment où notre opération était ter-
minée, nous déclarons avoir vu venir chez le sus dit
pharmacien le dit M. Conte qui, en nous voyant là,
s'est retiré immédiatement.</td></tr>
<tr><td>Saisie Saldou
à Avignon.</td><td>Nous étant transporté ensuite chez M.
Saldou, pharmacien, rue Calade N°9. nous avons demandé</td></tr>
</table>

à ce dernier des boîtes de Pâte de Regnauld, faisant
droit à notre demande, Mr Saldon nous a remis trois boîtes
que nous avons reconnues paraître en tout semblables à
celles que nous avions saisies chez les pharmaciens droguistes
plus haut relatés. En conséquence, examinées comme les
précédentes par le sus dit Mr Eorchon, qui les a reconnues
comme contrefaites. Nous les avons saisies, Puis ayant
demandé au dit Mr Saldon, d'où lui provenait cette
marchandise, ce pharmacien nous a montré une facture
portant la date du 30 8bre dernier et provenant de la
maison A oumieux, Philippe, Droguiste rue des
quatre pâtissiers N.º 7.. à Marseille, sur laquelle
nous avons constaté qu'entre autres marchandises
expédiées au dernier, on lui avait vendu Douze boîtes
dites Pâte de Regnault, au prix de Un franc cinq
centimes l'une.

En conséquence, après avoir pris un duplicata de
la d.te facture, nous nous sommes retirés, et avons
rédigé le présent procès verbal que nous avons signé
ainsi que Mr Eorchon. Marie Henri Pierre après
lecture de tout ce que dessus lui en a été faite.
Fait à Avignon les jour, mois et an sus Dit.
Signé Henri Eorchon.
Pour Copie conforme et par Duplicata.
Le Commissaire de police, signé Odin Auguste.

L'an 1848, le 26 Xbre 10 heures Du matin
Le Commissaire de police de la Ville d'avignon
sousigné déclare que chaque fois que nous avons opéré
la Saisie des boîtes de pâte de Regnauld, chez les
pharmaciens indiqués sur notre procès verbal ci-contre,
le plaignant, Mr Eorchon, a remis en espèce à chaque

pharmacien le montant de dite marchandise saisie
et qu'il a déclaré aux susdite pharmaciens, en notre présence qu'il acquittait les dite prix d'achat, mais qu'il
se réservait le remboursement de ce somme, qu'il ne consi-
dérait que comme avance faite par lui, contre qui de droit.
Fait à Avignon, les jour, mois et an dits.
Pour copie conforme; Le Commissaire de Police,
signé : Auguste Odin. — Signé Benin Torchon.

Lettre de Conte
d'Avignon.

Avignon, le 13 Janvier 1848.
Monsieur L. F. à Paris.
Veuillez m'expédier 50 boîtes pâte de Regnauld,
que vous voudrez bien faire apporter chez MM.
Madlaine 50. rue Ste Croix de la Bretonnerie, j'avais
dit à M. Torchon que je n'avais reçu des pâtes
de Regnauld que de chez vous Directement, ou
par l'intermédiaire de Mr. Madlaine, en voulant
l'éviter à ce dernier une descente de police. que vous
paraissez peu scrupuleux à faire. Je me suis aperçu
quelque jour après seulement que l'affaire est arrivée
que j'en avais reçu 30 boîtes de Philippe Aunier
de Marseille que je lui achettai comme vraie et qu'il
me fit payer très bien un franc, comme vous me les
facturiez. C'est l'inconvénient du port qui me fit faire
l'affaire. Si vous deviez me facturer les 50 boîtes
que je vous demande ci-dessus, plus cher que vous
ne l'avez fait jusqu'à ce jour ; je vous prie m'en
aviser avant de m'expédier. M. Torchon comprendra
mon Obstination à les lui faire trouver vraie.
J'ai l'honneur de vous saluer.
Signé. H. Conte.

Saisie Marsan à Alger.

L'an 1849, ce 13 février à 3 heures de relevée. Devant nous, Dubosq, Victor Adolphe, Chevalier de la Légion d'honneur, Commissaire de police du premier arrondissement de la ville d'Alger;

S'est présenté le Sr Bettinger, Henry Victor, demeurant actuellement en cette ville, hôtel de la Régence, représentant la maison L. Frère & Compie, successeurs de Regnauld, demeurant à Paris, rue Jacob, No 19;

Lequel nous a déclaré qu'étant entré chez le Sr Marsan, pharmacien, rue Bab-el-Oued, à l'effet de s'y faire servir une boîte de pâte pectorale de Regnauld il remarqua que, bien qu'elle portât l'inscription : « Regnauld aîné, L. Frère, élève et successeur de Regnauld aîné »; elle n'en provenait pas. Ne doutant plus que cette annonce était fausse, il venait nous en porter plainte, attendu que cette fraude portait un très grand tort à l'établissement qu'il représentait.

D'après cette plainte, nous nous sommes immédiatement transporté sur les lieux, accompagné du Sr Lahore, notre Inspecteur, et là nous avons invité le Sr Marsan de nous représenter les boîtes qu'il vendait comme contenant de la pâte pectorale provenant de la fabrique de Regnauld. Examen fait, le Sr Bettinger nous ayant assuré que cette pâte ne provenait pas de la maison L. Frère & Cie, vu que le cachet et la signature de ce dernier étaient contrefaits, nous avons cru devoir saisir les 3 boîtes qui restaient encore en la possession de M. Marsan les placer sous scellés, sommant ce dernier de nous

déclaré de qui elles provenaient. Nous ayant exhibé
une facture au nom du Sr Aufane, Droguiste, Demeurant
rue des boucheries 19, à Toulon (Var) Nous l'avons
également saisie et rédigé le présent procès verbal
pour être transmis à Monsieur le Procureur de la
République et avons signé, Dubosq.

L'an 1849, ce 19 Février.
Nous, Commissaire de Police soussigné

À l'effet de compléter notre procès verbal
en date du treize Du présent, concernant la fraude
émise sur la présentation Des boites contenant de
la pate de Regnauld; nous avons sommé le S Bettinger
De nous Déclarer s'il représentait la maison de Commerce
de L. Frère et Cie à Paris, et de nous exhiber les titres
le constatant. après nous les avoir représentés, nous lui
avons Demandé s'il entendait se porter partie civile dans
les poursuites Dirigées contre les contrevenants. Nous
ayant répondu affirmativement, Oui. Nous l'avons
invité à nous faire connaître comment il reconnais-
sait la contrefaçon de l'inscription? Il nous a répondu que c'était très facile, tant par la signature
que par le cachet, et que pour en donner une preuve
exacte, il nous remettait une boite de sa maison (,)
laquelle nous joignons au présent.

Nous avons en conséquence, rédigé et clos le
présent procès verbal qu'il a signé avec nous, après
lecture faite pour être transmis à qui de Droit.
Signé: Bettinger. Dubosq.

M. Corchon fondé de pouvoir de MM. Frère & Cie
m'a fait appeler chez Mr le Commissaire de police, et

présenté un procès verbal de saisie fait à Alger, qui constate que j'ai vendu à M. Marsan, pharmacien à Alger, des boites de pâte de Regnault qui ont été saisies comme contrefaites, il m'a demandé où j'avais acheté ces boites, me prévenant que faute par moi de le lui déclarer, il me poursuivrait par toutes les voies de droit.

Sur ce je déclare que j'en ai acheté 100 boites, le 1er Juin 1848, à 90 f. le %, à Mad.e Fabre, courtière, qui est venue me les proposer, disant que c'était à un pharmacien qui avait besoin d'argent, j'en ai acheté, en outre, le 7 du même mois 100, de M. Lefèvre, pharmacien au prix de 80 f. le %. Courant 8bre. De la même année 200 boites de M. Lefèvre, pharmacien, à 80 f. b%, et ce, toujours dans la pleine croyance qu'elles sortaient de la maison S.te Frere, attendu que nouveau dans la partie, j'ignorais s'il y avait des contrefaçons.

Des mêmes boites, j'en ai envoyé une partie à M. Phpe. Roumieu à Marseille et à M. Marsan, pharmacien à Alger et grande a été ma surprise de voir des procès verbaux de saisie faits chez M. Phpe Roumieu à Marseille, fin décembre, et chez M. Marsan, à Alger, courant Février 1849.

Toulon le 2 Mars 1849. Signé: Anfan, Victor.

Nous, Commissaire de Police de la Ville de Toulon, soussigné, certifions que les faits relatés ci-dessus, nous ont été affirmés par M. Anfan, qui, non seulement les a consignés dans cet écrit, mais qui nous a même prié de légaliser sa signature.

Toulon le 2 Mars 1849. — Le Commissaire de police
Signé Latour Marlière

L'an 1849, et le 2 Mars
s'est présenté devant nous, Commissaire de police
de la ville de Toulon, soussigné, M. Henri Torchon,
représentant de la maison L. Frère et Cie Pharmacien
à Paris, rue Jacob N.º 19, successeur de Regnault aîné,
lequel nous requiert de nous transporter à la pharmacie de
M. Lefebvre, place Blancard, à l'effet d'y saisir les
boîtes de pâte pectorale balsamique de Regnault, qui leur
ont été signalées comme étant de la contrefaçon.

Nous, Commissaire de Police, déférant
à la réquisition qui nous a été faite, nous nous sommes
rendus, accompagné du requérant, des agents Berthe,
Pauler et Blanc, à la pharmacie de M. Lefebvre, où
étant, nous avons fait connaître au propriétaire de
l'Établissement, le motif de notre transport.

M. Lefebvre nous a répondu que nous pouvions
nous livrer aux recherches que nous jugerions à propos
de faire, qu'il n'avait rien.

Qu'après avoir visité les boîtes et placards de
la pharmacie, nous sommes passés dans l'arrière
magasin où M. Torchon a trouvé dans une caisse placée
sur une étagère, seize boîtes en carton, rondes, sur les
bandes desquelles il est imprimé d'un côté : « Pâte pectorale
« Balsamique de Regnault aîné, pharmacien rue Caumartin,
« 45, à Paris. »
« L. Frère, Élève et successeur de M. Regnault.
« Chaque boîte porte ce cachet et la signature ci-dessus —
« Dépôt, rue Caumartin N° 45 à Paris, dans toutes
« les villes de France et de l'Étranger. »

De l'autre côté : « Pâte pectorale Balsamique
« de Regnauld aîné, L. Frère, élève et successeur de ——
« Regnauld aîné. »
  « Prix de la boîte 1f 50c. »
    Aussitôt que cette découverte a été faite Mr.
Lefebvre nous a déclaré que ces 16 boîtes faisaient
partie de 500 qu'il avait achetées en Juin dernier, ou un
mois environ, à M. Faure de Lyon, au prix de 80 fr.
les cent boîtes, sachant bien qu'elles étaient de contrefaçon.
    Mr. Lefebvre a ajouté que M. Faure lui avait dit
qu'il avait un grand nombre d'articles qu'il allait vendre en
Afrique, avec les boîtes de pâte et il l'a engagé à profiter
du bon marché.
    Nous avons déclaré la saisie des 16 boîtes à Mr.
Lefebvre qui, après avoir apposé sa signature à côté de la
nôtre sur les bandes, a entendu la lecture du présent
qu'il a trouvé conforme à la vérité, et l'a signé avec nous,
pour être remis à Mr. le Procureur de la République,
ainsi que les objets saisis.
    Toulon, le jour, mois et an que dessus.
    Le Commissaire de Police, signé : Latour Marliac
    Suit la facture remise par M. Lefebvre à
M. Torchon, comme étant celle que lui a faite le sieur
Faure, désignée dans le procès verbal du 2 Mars 1849 ci-dessus.
    Doit M. Lefebvre.
      5 Juin 1848.
  500 Regnauld à 80 f. ———————— f — 400.
    8 Douzaines bandages à ———— " — 60.
                                    ————
                              Ci — 460.
                                    ————

  5 Juin   Pr. Acquit
                    f ....

1849. ——— 10 Mars.
Réquisition
chez Louis Faure,
à Lyon

À Mr. le Procureur de la République

Le Soussigné, Henri-Corchon fondé
de pouvoir de Louis-Honoré-Frère, pharmacien à Paris
rue Jacob N°19, et Louis-Pierre-Eugène Hunout,
associé, représentant la maison de P. Lamouroux,
pharmacien, rue du marché aux Poirées N°11, à Paris

On l'honneur de vous exposer

1° Qu'une saisie a été faite, à la requête de Mr.
Corchon, chez M. Lefebvre, pharmacien à Toulon de 16
boîtes de pâte de Regnault aîné et que le dit S. Lefebvre
a déclaré que ces boîtes faisaient partie d'une vente de 500
boîtes pareilles, contrefaites, que lui avait été faite par
le S. Faure de Lyon, que le procès verbal de saisie
constate le dit fait certifié par une facture annexée
au procès verbal

2° Que lors de la faillite, et d'après l'inventaire
de Louis Faure, il se trouve au dit inventaire, énoncé,
Art. 21, qu'il y avait 235 bouteilles sirop de Lamouroux
contrefaites; que désirant savoir d'où proviennent
ces diverses contrefaçons, et en même temps s'assurer
s'il ne continue pas, soit à fabriquer, soit à vendre
les dites contrefaçons.

En conséquence, ils vous prient, M. le Proc.
de la République, les autoriser à faire faire les perquisitions nécessaires pour arriver à la solution des faits
énoncés ci-dessus, déclarant, les dits Sieurs Corchon
et Hunout qu'ils portent plainte contre le dit
Faure.

Lyon, le 10 Mars 1849. Signé: Henri Corchon. Hunout.

Noua, Juge d'Instruction, vu la plainte
et le réquisitoire du ministère public

133.

Commettons M.r Vivès, Commissaire de Police
de 7.e Arrondissement des Célestins, à l'effet de procéder à
une perquisition dans le Domicile du S.r Louis Faure,
indiqué, rue de Pazzy 9, près la place des Célestins,
pour y saisir une boîte de Pâte de Regnauld et des
bouteilles de Sirop de Lamouroux, pâte et sirop
contrefaits.

Du tout, il dressera tous procès verbaux nécessaires.

Lyon, le 12 Mars 1849. Signé Fleury Bela.

Le 13 Mars 1849. Le Commissaire de police
Vivès, commis par l'Ordonnance qui précède, pour
faire une perquisition dans le Domicile de Louis Faure,
n'a rien découvert de relatif à sa recherche.

On a cru inutile de reproduire les termes du
procès verbal.

1849 — 14 Mars
Interrogatoire
Louis Faure.

Ce jour d'hui, 14 Mars 1849.
Louis Faure, âgé de 31 Ans, fabricant
d'instruments de Chirurgie, demeurant rue Pazzi 9.

Demande. Avez-vous subi des Condamnations?

Réponse. Non, M.r.

D. En Juin de l'année dernière n'avez-vous
pas été à Toulon?

R. Non, il y a bien 4 à 5 ans que je n'y suis
pas allé.

D. N'auriez-vous pas vendu à M. Lefebvre,
pharmacien, 500 boîtes de pâte de Regnauld et 1 Dz douz.es
bandages?

R. Non, M. Je ne lui ai vendu que des bandages
et des sondes, il y a de cela au moins 2 ans ½, il y a déjà bien
longtemps que je ne fais plus la droguerie.

D. Reconnaissez-vous l'espèce de facture ou de note que je vous représente pour être de votre main?

R. Non, M.

D. Dans les marchandises qui se trouvaient dans vos magasins, lors de votre faillite, il y avait des bouteilles de sirop de Johnson et de l'Elixir de Guillié, d'où les teniez-vous?

R. Je les avais achetées ici sur place, chez les dépositaires Serney, Lardon, j'en tirais d'ailleurs directement de Paris.

D. Savez-vous à qui ces bouteilles, comprises sur l'inventaire, sous le N° 24, ont été vendues?

R. Je l'ignore, tout a été vendu au comptant.

D. Savez-vous à quel prix elles ont été vendues?

R. Je ne sais pas s'il y en existait, ni à qui elles ont été vendues, ni à quel prix elles ont pu l'être.

D. Ces ventes n'ont-elles pas été portées sur le livre de Vente?

R. Non, M. les marchandises avaient été portées sur l'inventaire, chaque soir on donnait la note de ce qui avait été vendu ainsi que l'argent reçu, au syndic de la faillite, il encaissait l'argent et pointait sur son inventaire les marchandises vendues.

D. Comment se fait-il que partie de ces bouteilles aient été désignées dans l'inventaire, comme étant des sirops contrefaits?

R. Il ne devait y avoir que des sirops véritables, n'ayant jamais acheté de contrefaçon, puisque je retirais ces sirops de chez les inventeurs ou de leurs dépôts à Lyon. Il y a pu avoir erreur de la part de ceux qui ont fait les désignations à l'inventaire et je ne puis en rendre compte, n'ayant pas assisté à cet inventaire, dans le cas contraire, ce seraient les dépositaires qui m'auraient remis ces contrefaçons, ce que je suis bien éloigné de penser. — Plus n'a déposé.

Pièces annexes.

Balances du Compte de Bruny et d'Ayot,
aux époques où la Maison Bruny a reçu des règlem.ts d'Ayot.

1848	15 Janv.er	Doit Ayot	562. 60	Dû à Ayot	903. 95
		Pour balance il est dû à Ayot	341 35		
		Somme égale	903. 95	Somme égale	903. 95
1848	17 Fev.er	Doit Ayot	1378 20	Dû à Ayot	1,311. 45
				Pour balance ayot doit	66. 75
		Somme égale	1378. 20		1378. 20.
1848	17 mars	Doit Ayot	2160. 90	Dû à Ayot	1965. 25
				Pour balance, ayot doit	195. 65
		Somme égale	2160. 90	Somme égale	2160. 90
1848	31 mars	Doit Ayot	2380. 55	Dû à Ayot	3252. 60
		P.r balance il est dû à Ayot	872. 05		
		Somme égale	3252. 60	Somme égale	3252. 60.
1849	24 J.er	Doit Ayot	4411.	Dû à Ayot	3537. 65
				Pour balance Ayot Doit	873. 35
		Somme égale	4411.	Somme égale	4411.
1849	25 J.er	Doit Ayot	873. 35		" " "

Ainsi, le 15 janvier, après son règlement Ayot est créancier de 341. 35

le 12 février   id.   id. est débiteur de 66. 75

le 17 mars   id.   id. est débiteur de 195. 65

le 31 Mars   id.   id. est créancier de 872. 05

le 25 Janvier, pour solde du Compte, il est débiteur de 873. 35

Depuis le 31 mars il n'y a plus aucun règlement, et cependant depuis cette époque, Bruny a reçu des caisses d'Ayot par Courrat père et fils.

Saisies tombant sur Louis Faure.

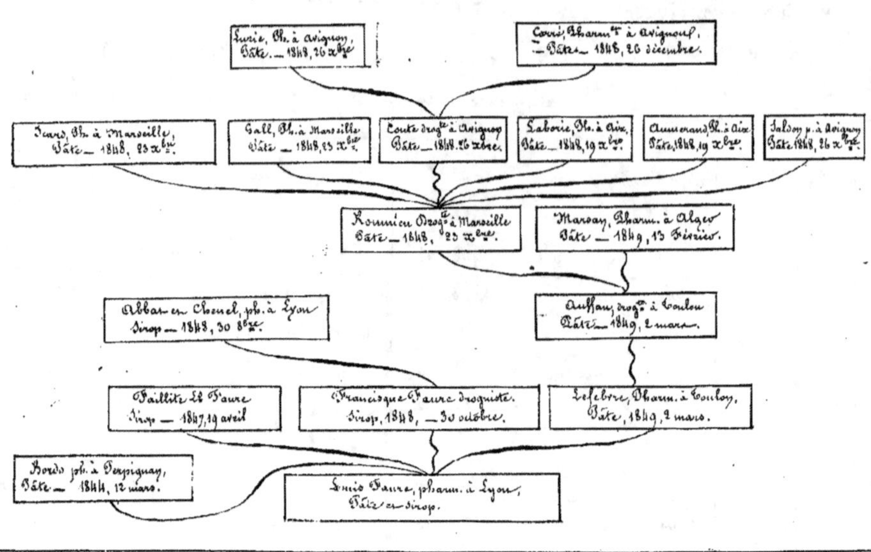

Saisies tombant sur Bruny fils aîné et Chanel.

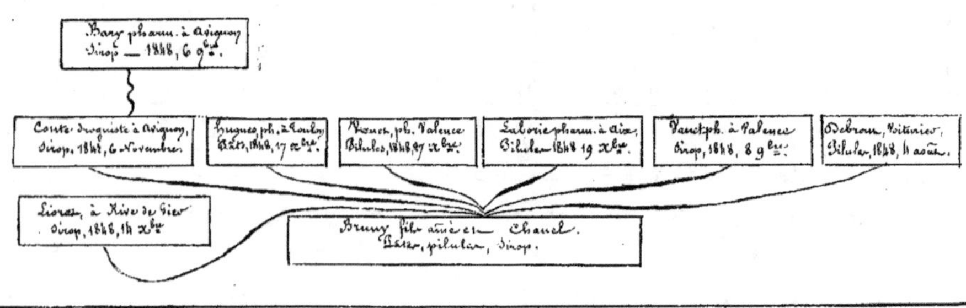

Saisies tombant sur Ayor de Villefranche.

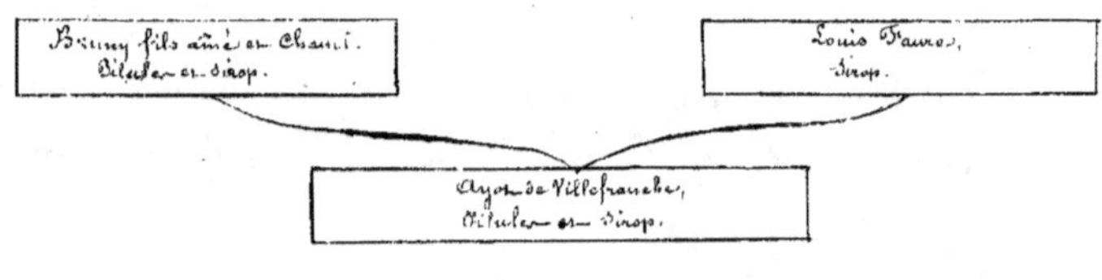

10 Octobre 1843,
Batillian de
Villefranche.

Monsieur, — Je vous prie de m'expédier une petite caisse de 60 ½ bouteilles de votre sirop dont je vous ferai tenir le paiement aussitôt que je l'aurai reçue, si vous ne préférez fournir sur moi un mandat avec l'escompte usité.

Je regrette beaucoup de n'avoir à vous faire qu'une aussi minime demande; mais j'y suis forcé par les circonstances, mon débit de votre sirop diminuant considérablement chaque année depuis qu'une personne de notre ville le donne à 2f 00 la demi-bouteille, — et vous savez que je ne puis moi-même le livrer à moins de 2f 25c.

La chose est vraie: j'en ai d'abord douté; mais je suis forcé d'y croire, depuis surtout que je sais d'une façon positive qu'un voiturier étranger au pays a déchargé à la porte de cette personne un grand nombre de bouteilles vides et semblables aux vôtres, à celles de M.M. Guillié, Briaux, Johnson et Labélonye, et paraissant venir directement de la verrerie où elles ont été fabriquées. — Je vous prie de m'expédier ma demande par le roulage ordinaire.

Agréez, Monsieur, &c.
Signé Batillian.

1848, 1er Octobre.
Ayon pharmacien
à Villefranche.

Messieurs, — Je vous serai obligé de m'assortir ma provision de sirop pectoral qui est épuisée, avant les fraîcheurs, c'est à dire le plus tôt possible; adressez-m'en donc 60 ½ bouteilles au débit de mon compte chez vous pour vous couvrir de votre dernière facture montant à 90f 40c.

Voici mon règlement de   84f 20 au 15 8bre }
Plus, pour et factage   6. 20   }   90. 40f

Veuillez m'en créditer. — Votre bien dévoué.
                    Signé Ayot.
P. S. — Je ne sais si depuis ma dernière demande le citoyen Honnous a quitté la Spatule; ce dont je me souviens, c'est que voici dix ans bientôt qu'il promet une visite au provincial, qui n'y compte plus guère, mais qui serait toujours heureux de le recevoir.

20 7bre 1848.
Honnoraty, pharm.ien
à Toulon.

Monsieur, — Veuillez me faire expédier 100 B.tes pâté Régnault.
Je vais faire le commerce des spécialités en gros pour l'Afrique et les environs; je vous prie de me faire les mêmes remises que vous faites aux droguistes, c'est-à-dire tout par douzaine, comme vous faites à Lefebvre de Toulon, sans cela je serais forcé de tenir les contrefaçons que l'on vend ici et que l'on trouve partout. — J'ai l'honneur, &a.
                    Signé Honnoraty.

14 Janvier 1849
Honnoraty pharm.ien
à Toulon.

Monsieur, — ...... Vous me dites que vous ne voulez pas entrer dans mes conditions de vente aux pharmaciens, soit: mais je n'ai pas alors à vous éviter la vente des contrefaçons qui s'opère ici, malgré vos perquisitions, perquisitions qui ont été sans doute nulles, parce que tout le monde connaissait votre arrivée dans mon pays quinze jours avant votre départ. — Veuillez agréer &a.
                    Signé Honnoraty.

13 Février 1849.
Olpas pharm.ien
à Carpentras.

Messieurs, — Je viens vous demander le dépôt du sirop de Lamouroux que vous m'offriez dans votre lettre du 22 septembre 1847, et que je refusai alors parceque les Droguistes me le faisaient à un prix plus bas que les vôtres. Depuis quelquetemps, je ne sais pourquoi ils ont haussé leur prix de 10 c. par Bᵗᵉ. Je m'empresse donc, Messieurs, de vous demander le dépôt de votre sirop pour notre ville, car je ne sache pas que personne l'aie. — Veuillez nous honorer de votre réponse.

Signé Olpas.

24 Avril 1849.
Beriard à Lyon,
Juge au Cᵃˡ de Commᶜᵉ.

En réponse à votre honorée du 22 courant, vous me demandez quel préjudice la vente des contrefaçons de votre sirop et autres médicaments ont pu m'occasionner; il me serait impossible de l'établir; seulement ce que je puis affirmer, c'est que quelques clients auxquels je ne pouvais fournir des contrefaçons s'adressaient à d'autres maisons et y prenaient les autres articles dont ils pouvaient avoir besoin.

Agréez, Messieurs, &ᵃ... Signé Beriard.

24 Avril 1849.
Bietrix-Sionnest
en Avjo,
Juge au Tribᵃˡ de Commᶜᵉ.

Nous venons répondre aux questions posées par votre lettre du 22 avril, touchant la vente de vos produits.

Il n'est que trop vrai, Messieurs, que depuis quelques années des ventes nombreuses de produits pharmaceutiques contrefaits ont eu lieu, et que cette vente illicite a causé un préjudice notable aux maisons qui se respectant, n'ont pas voulu se livrer à un pareil commerce. — Ce préjudice a été causé soit parceque ces produits, vendus pour vrais, étaient vendus audessous du prix de revient des véritables et empêchaient la vente de ces derniers, soit parce que les acheteurs qui les prenaient en connaissance de cause, joignaient à leurs ordres la demande générale des autres articles dont ils avaient besoin et allaient s'approvisionner auprès de ceux qui les leur expédient.

Nous avons donc en résultat perte dans le prix de vente et perte dans notre clientelle qui se trouve réduite. — Agréez, Messieurs, &c?

Signé P. Bietrix, Sionneau et Arjo.

24 Avril 1849.
André pharmacien
à Lyon.

Vous me demandez par votre du 23 quel est le préjudice qu'a pu m'occasionner la contrefaçon des préparations médicamenteuses qui existe depuis plusieurs années. — Ce préjudice est évident pour les maisons qui ne tiennent pas ces sortes de préparations contrefaites. Il me suffira du simple énoncé pour en dire la nature et l'effet. — Diminution notable dans les ventes, le bas prix de la contrefaçon, attirant ailleurs les clients, et, par suite, perte d'une belle clientelle qui a pris d'autres habitudes.

Voilà, Messieurs le préjudice réel que la contrefaçon fait éprouver; il vous sera facile d'en calculer l'importance d'après le mérite de vos préparations. — Veuillez agréer, &c.

Signé André.

24 Avril 1849.
Larden, pharmacien
à Lyon.

Comme j'ai eu plusieurs fois l'occasion de le dire, la contrefaçon de votre pectoral, exploitée avec autant de hardiesse me porte un préjudice considérable; cette perte m'est d'autant plus sensible qu'elle m'enlève des clients qui me demandaient droguerie et produits chimiques, qui aujourd'hui adressent leurs ordres dans les maisons où ils sont sûrs de trouver des contrefaçons. — J'ai informé votre ami Mr Frère qui se trouvait aussi victime de la contrefaçon, que le Midi était aussi inondé de la pâte de Regnault contrefaite

et rendue à vil prix. C'est avec plaisir que je vous vois
réunir pour détruire ce foyer de contrefaçon si nuisible
à l'humanité, à vos intérêts et aux miens et enfin
à votre réputation.   J'ai l'honneur, &c...
                                    Signé Larden.

24 avril 1849.
Verner pharm^{en}
à Lyon.

Il est très vrai que depuis quelque temps des
contrefaçons de vos produits ont lieu et se vendent à
des prix inférieurs. Il en est résulté que j'ai perdu
une grande partie de la clientèle que j'avais au
dehors; je doute même pouvoir jamais la recouvrer,
quand bien même vous viendriez à bout de tarir
la source de semblables abus. Jugez par là du tort
que j'ai éprouvé ainsi que vos correspondants qui
font le commerce avec loyauté et délicatesse.
Agréez, &c.
                                    Signé Verner.

28 avril 1849.
Jugement du Trib^{al}
Correctionnel de Lyon.

Le Tribunal, après en avoir délibéré en la
Chambre du Conseil,
   Attendu qu'il résulte de l'instruction et des
débats que, dans le courant des trois années dernières,
Camille Ayot a apposé 1° sur des sirops par lui
fabriqués, le nom des Drs Lamouroux et l'indication
de la pharmacie établie par celui-ci à Paris; 2° sur
des pilules dites ferrugineuses, également fabriquées
dans son officine le nom de Vallet et celui de la maison
L. Frere désignée comme dépositaire général à Paris,
   Et qu'il a mis dans le commerce les objets
ainsi marqués de noms usurpés.
   Attendu que l'instruction et les débats ont
fourni la preuve que Bruny fils aîné et Chanel
ont mis sciemment en vente et en circulation les

produits de Ayot avec les marques de noms supposés
ainsi que de la pâte pectorale balsamique portant
le nom emprunté de Regnauld aîné.

Attendu que Louis Faure s'est rendu coupable
du même fait, quoique dans des proportions plus
restreintes ;

Attendu que Sastre dit Brunet se sont rendus
complices des suppositions de noms et de fabriquer,
commises par Camille Ayot, en aidant et assistant
celui-ci avec connaissance dans les faits qui les
ont préparées et facilitées, spécialement en imprimant des étiquettes et prospectus ayant servi à
la fraude ;

Attendu que les faits ci-dessus relevés
constituent les délits prévus par l'article 1er de la
loi du 28 juillet 1824, combiné avec l'art. 423 du
Code pénal.

Vu le dit article 423 du Code pénal dont
il a été donné lecture à l'audience par le Président
et qui est ainsi conçu :.........

Attendu qu'il existe des circonstances qui
permettent au Tribunal de modérer la peine, surtout
à l'égard de quelques-uns des prévenus ;

Attendu que le délit défini par la loi du
28 juillet 1824 constitue un délit sui generis dont la
poursuite n'est point subordonnée à un dépôt préalable
comme celle résultant de la contrefaçon des marques
prévue par la loi du 22 germinal an 11 ; que le dépôt
et la déclaration préalable eussent été en effet sans
objet et impraticables quand il ne s'agissait
que d'empêcher l'usurpation d'un nom ou la fausse
indication du lieu de la fabrication ; qu'ainsi la

fin de non recevoir proposée par les prévenus n'a aucun
fondement légal ;

Attendu, en ce qui concerne les Srs Flouville
qu'il n'est nullement établi qu'il ait personnellement
et sciemment coopéré aux faits ci-dessus énoncés,

Attendu que ces faits ont causé aux plaignants
un dommage dont ceux-ci doivent être indemnisés et
que le tribunal est en mesure d'apprécier

Par tous ces motifs, le Tribunal
Condamne Camille Ayot à un mois
d'emprisonnement, et à cinquante francs d'amende ;

Antoine Bruny fils et Chanel chacun
en deux cent cinquante francs d'amende ;

Louis Faure et Jean Guillaume Sastre
dit Brunet à chacun cinquante francs d'amende.

Statuant sur les réparations civiles,
Condamne solidairement Camille Ayot,
Antoine Bruny fils aîné, Chanel, Louis Faure
et Jean Guillaume Sastre dit Brunet à payer à
titre d'indemnité à P. Lamouroux et Compagnie
la somme de trois mille francs et pareille somme
de trois mille francs à Vallet et L. Frère,

Dit que ces sommes seront réparties entre
les susnommés dans leurs rapports entr'eux et
pour les recours qu'ils auraient à exercer les uns
contre les autres, de la manière suivante :

Camille Ayot sera considéré comme débiteur
de la somme de treize cent cinquante francs envers
chacun des plaignants, Antoine Bruny fils aîné
et Chanel débiteurs ensemble de pareille somme
de treize cent cinquante francs ; Louis Faure,
débiteur de la somme de deux cent francs et Jean

Guillaume Sastre dit Brunet, débiteur de la somme de cent francs.

Ordonne qu'à titre de réparation supplémentaire les plaignants sont autorisés à insérer les motifs et le dispositif du présent jugement dans trois journaux de Paris et dans six journaux de départements, à leur choix, et aux frais des dits Aoyos, Bruny, Chancel, Louis Faure et Sastre dit Brunet, qui sont en outre condamnés sous la solidarité ci-dessus énoncée, aux dépens de la procédure, liquidés, savoir : ceux exposés par l'État, à 80f 70c et ceux faits par les parties civiles à 390f 70c outre le coût du présent jugement et les frais de mise à exécution.

Fixe à six mois la durée de l'exercice de la contrainte par corps,

Ordonne que les objets saisis en la possession des prévenus sont confisqués.

Ordonne que Fonville est renvoyé de la poursuite sans dépens.

Fait et jugé à Lyon, en audience publique le 28 avril 1849, par MM. Lagrange, vice-président, de Bellegarde et Prudhon juges.

Enregistré à Lyon, le 5 mai 1849, F° 9, V° C° 1,2,3 et 4, reçu 122f 10c, et pour 10ème 12f 24c, signé Dastier.

Pour expédition délivrée sur la réquisition de M. S. Roché Brese.

Signé Mathurin.

www.ingramcontent.com/pod-product-compliance
Lightning Source LLC
LaVergne TN
LVHW012331170726
843503LV00002B/813